A FILOSOFIA
DO BITCOIN

ÁLVARO MARÍA

A FILOSOFIA DO BITCOIN

A EVOLUÇÃO do sistema monetário e garantia de propriedade contra leis abusivas, estados autoritários e instabilidades econômicas.

TRADUÇÃO:
JULIANA COSTA TEIXEIRA

COPYRIGHT © FARO EDITORIAL, 2024
COPYRIGHT © ÁLVARO D. MARÍA
Todos os direitos reservados.

Avis Rara é um selo da Faro Editorial.

Nenhuma parte deste livro pode ser reproduzida sob quaisquer meios existentes sem autorização por escrito do editor.

Diretor editorial **PEDRO ALMEIDA**
Coordenação editorial **CARLA SACRATO**
Tradução **JULIANA COSTA TEIXEIRA**
Preparação **DANIELA TOLEDO**
Revisão **BÁRBARA PARENTE E CRIS NEGRÃO**
Capa e diagramação **OSMANE GARCIA FILHO**
Imagem de capa **LEOLINTANG| SHUTTERSTOCK**

Dados Internacionais de Catalogação na Publicação (CIP)
Jéssica de Oliveira Molinari CRB-8/9852

María, Álvaro D.
   A filosofia do Bitcoin / Álvaro D. María ; tradução de Juliana Costa Teixeira. — São Paulo : Faro Editorial, 2024.
   96 p.

     Bibliografia
     ISBN 978-65-5957-479-7
     Título original: La filosofía de bitcoin

     1. Economia – Filosofia 2. Moedas 3. Bitcoin I. Título II. Teixeira, Juliana Costa

23-6941   CDD 330.01

Índice para catálogo sistemático:
1. Economia – Filosofia

1ª edição brasileira: 2024
Direitos de edição em língua portuguesa, para o Brasil, adquiridos por FARO EDITORIAL.

Avenida Andrômeda, 885 — Sala 310
Alphaville — Barueri — SP — Brasil
CEP: 06473-000
www.faroeditorial.com.br

*À minha avó,
por ser um exemplo de generosidade.*

[...]
Pois que simples ou complexo
realiza tudo quanto quero —
poderoso cavalheiro é Dom Dinheiro.

[...]
Pois quem o traz consigo
é belo, mesmo que seja fero —
poderoso cavalheiro é Dom Dinheiro.

É galante e como o ouro,
alquebrada sua cor;
pessoa de grande valor
não importa se cristão ou mouro;
pois que dá e tira o decoro
e quebranta qualquer foro —
poderoso cavalheiro é Dom Dinheiro.

Príncipes são seus pais,
e é de nobres descendente,
pois que nas veias do Oriente
todos os sangues são reais.
Pois é ele quem iguala
o duque e o fazendeiro —
poderoso cavalheiro é Dom Dinheiro.

Quem mais não se maravilha
de ver em sua glória, sem trapaça,
a menor de sua casa,
Dona Branca de Castilha?
Mas, dando ao vil uma trilha,
do covarde faz guerreiro —
poderoso cavalheiro é Dom Dinheiro.

Seus nobres brasões de armas
são sempre tão imponentes,
pois sem os verdadeiros brasões,
não há brasões sobressalentes;
pois aos pobres dá riqueza,
e aos ricos, avareza —
poderoso cavalheiro é Dom Dinheiro.

Sua influência é sem igual,
Nos negócios, ele é a voz,
Nas casas de anciões, o conselheiro,
De gatunos os gatos o protegem;
E, rompendo toda moral,
aos mais severos juízes amolece —
poderoso cavalheiro é Dom Dinheiro.

E sua majestade é tão grande,
conquanto fartos seus duelos,
que mesmo tendo feito muitos quartos
nunca deixa de bater seu martelo.
porque dá qualidade
ao nobre e ao mendigo —
poderoso cavalheiro é Dom Dinheiro.

Nunca vi damas ingratas,
ao seu gosto mudarem de ação,
pois ao fitarem uma moeda na mão,
tornam-se baratas em seus tratos;
pois desde uma bolsa de couro
bravatas lhes são lançadas —
poderoso cavalheiro é Dom Dinheiro.

Mais valem em qualquer terra
(vede se é mesmo sagaz)
seus brasões na paz
que durante a guerra.
Pois ao pobre ele enterra,
e ao estranho se apega —
poderoso cavalheiro é Dom Dinheiro.

QUEVEDO

SUMÁRIO

PREFÁCIO 11
PRÓLOGO 13
INTRODUÇÃO 17

1. OS PRINCÍPIOS FILOSÓFICOS DO BITCOIN
Filosofia do dinheiro 23
Filosofia da moeda 26
A desestatização do dinheiro? 30

2. BITCOIN
Como abordar o Bitcoin? 35
O que é o Bitcoin? 38
Redefinição do direito de propriedade 42
Por que o Bitcoin é importante, não a *blockchain*? 44
Por que não outras criptomoedas? Será superado por outras tecnologias? E a questão do meio ambiente? 47
A volatilidade 52
Contra o que o Bitcoin compete? 55

3. OS ESTADOS E OS BANCOS CENTRAIS CONTRA O BITCOIN
Sobre o Estado 63
A crise do Estado 69
O que os Estados podem fazer contra o Bitcoin? 74
Os Estados e o Bitcoin 75
Os Bancos Centrais e as crises econômicas: um beco sem saída . . . 81

EPÍLOGO 88
BIBLIOGRAFIA 93
AGRADECIMENTOS 95

PREFÁCIO

A publicação da primeira edição de *A filosofia do Bitcoin* em 2022 na Espanha chegou num momento que ainda havia dúvidas sobre a validade da moeda, algo que não existe mais. Naquele momento, um livro que falasse sobre a relevância política e histórica do Bitcoin poderia parecer apenas uma curiosidade literária. Agora, já é difícil pensar em um futuro que não se encontre atravessado por ela. Veremos a continuação da guerra entre os Estados no ciberespaço, na qual o Bitcoin será uma arma, tanto ofensiva quanto defensiva.

Recordar que o importante não é a tecnologia *blockchain*; que o Bitcoin tem uma natureza distinta das demais criptomoedas e criptoativos; ver que há alternativas políticas, não anarquistas, ao Estado; perceber sua relevância geopolítica e suas implicações para a defesa; seu interesse estratégico; e a relevância da mineração para o setor energético — são boa parte das mudanças que foram introduzidas hoje em dia. Falar menos de *trading* e de preços, e mais da redefinição do direito de propriedade. Falar menos de meio de pagamento revolucionário e mais dos fundamentos filosóficos e da função de transmitir valores ao longo do tempo. Sem dúvida, tudo isso não é por causa de *A filosofia do Bitcoin*, mas o livro foi, sim, capaz de canalizar tudo isso em um relato que permite ver o Bitcoin e o mundo com outros olhos.

Os *bitcoiners* do mundo possuem uma visão alternativa à dos bancos centrais e do sistema financeiro fiduciário. As *Bitcoin Conference* de todo o mundo serão as células embrionárias de novas realidades políticas.

Quanto mudou em pouco tempo!

A filosofia do Bitcoin tem como propósito destruir rígidas crenças vinculadas ao Estado e ao Dinheiro. Agora alcança novos leitores em todo o mundo com a missão de preparar o caminho para as Micrópolis.

O autor

PRÓLOGO

"Nada mais prático do que uma boa teoria."
Kurt Lewin

Este livro tem um duplo objetivo: provocar uma crise a respeito de duas crenças muito propagadas. A primeira, de que uma moeda que seja dinheiro deve ter o respaldo de uma autoridade. A segunda, de que "Estado" é um conceito que pode ser aplicado a qualquer sociedade política, sem que possamos pensar em formas políticas pós-estatais.

Sempre me pareceu que, no pensamento econômico, faltam mais filósofos. Sem dúvida, parece difícil compreender a necessidade dessa afirmação, ao fim e ao cabo, pois o filósofo que mais tratou de temas econômicos foi Marx, um homem que deixou uma série de contribuições brilhantes, dentre as quais a de jamais nos esquecermos de que a economia é sempre economia política, além de ter sido uma influência tão terrível no mundo a ponto de ninguém mais ousar dizer, após a experiência do século XX, que os filósofos devam se dedicar a fazer uma *filosofia da economia*. Contudo, a economia como disciplina carece de reflexões sobre as análises que realiza em seu campo. Essas reflexões costumam ser feitas sobre as análises econômicas são realizadas pelos próprios economistas, que raras vezes possuem formação em campos como política e filosofia; quando muito, possuem alguma formação jurídica, mas, em geral, tratam de aplicar as conclusões de suas análises às sociedades políticas pensando que a economia é uma ciência — e algo que dependa tanto assim da política, como bem nos recordava Marx, dificilmente pode alcançar tal estatuto científico, pois, ao falarem da economia como ciência, os economistas fazem filosofia sem o saber, numa substituição desta em que apresentam sua visão de mundo com base nas conclusões das análises de seu campo.

Dediquei a maior parte de meu estudo à Teoria do Estado e à Filosofia do Direito; em segundo plano, tratei de estudar temas econômicos, em especial os monetários. Curiosamente, a conclusão de minhas análises é que nos encontramos ante a crise do Estado, uma crise inevitável, visto que as dinâmicas que o regem, seguindo seus princípios, tornam impossíveis tanto a reforma do Estado rumo a outras formas políticas como a oposição a ele, já que não deixam espaço para que se lhe oponha algum tipo de resistência. Além disso, os Estados não têm escrúpulos em atacar impiedosamente qualquer um que se atreva a desafiá-los, de modo a fazerem parecer que qualquer ataque contra eles está fadado ao fracasso, embora nos encontremos claramente ante uma forma esgotada de organização política da sociedade. Minha conclusão foi então de que a única forma de ação política contra o Estado era a *criptocrática,* aquela contra a qual o Estado nada pode fazer porque desconhece quem organiza o ataque em sua oposição. Porém, não me ocorria nenhuma forma de como isso poderia se desenrolar, eu nem sequer enxergava o espaço possível para o seu desenvolvimento. Pois bem, o ciberespaço é esse espaço, e o Bitcoin é sua melhor arma:

DECLARAÇÃO DE INDEPENDÊNCIA DO CIBERESPAÇO

"Governos do Mundo Industrial, vós, gigantes cansados de carne e aço, venho do ciberespaço, a nova casa da mente. Em nome do futuro, peço-vos no passado que nos deixeis em paz. Não sois bem-vindos entre nós. Tampouco

PRÓLOGO

exerceis alguma soberania* sobre o lugar onde nos reunimos. Não elegemos nenhum governo, nem pretendemos fazê-lo. É assim que me dirijo a vós, sem mais autoridade do que aquela com a qual a liberdade sempre fala.
Declaro que o espaço social global que estamos construindo *independe por natureza das tiranias que estais buscando impor-nos. Não tendes nenhum direito moral a governar-nos, nem possuís métodos que devamos temer verdadeiramente para fazer-nos cumprir vossa lei.*

Os governos derivam seus justos poderes do *consentimento dos que são governados. Não pedistes nem recebestes o nosso. Tampouco vos convidamos.*

Não nos conheceis, nem conheceis nosso mundo. O ciberespaço não se encontra dentro de vossas fronteiras. Não penseis que podeis construí-lo, como se fosse um projeto público de construção. Não podeis. É um ato natural que cresce de nossas ações coletivas.

Não vos unistes à nossa grande conversação coletiva, nem criastes a riqueza de nossos mercados. Não conheceis a nossa cultura, nem a nossa ética, nem os códigos não escritos que já proporcionam à nossa sociedade mais ordem que a que poderia obter-se por qualquer de vossas imposições.

Proclamais que existem problemas entre nós que necessitais resolver. Utilizais este fato como uma desculpa para invadir nossos limites. *Muitos desses problemas não existem.* Onde existem verdadeiros conflitos, onde há erro, nós os identificaremos e resolveremos por nossos próprios meios. Estamos criando o nosso próprio contrato social. Essa autoridade se criará segundo as condições de nosso mundo, não do vosso. *Nosso mundo é diferente.*
O ciberespaço é formado em si mesmo por transações, relações e pensamentos que se estendem como uma onda tranquila na rede de nossas comunicações. Nosso mundo está às vezes em toda parte, às vezes em parte alguma, mas não está onde vivem os corpos.

Estamos criando um mundo em que *todos* podem entrar, sem privilégios ou preconceitos de raça, poder econômico, força militar, ou local de nascimento. Estamos criando um mundo onde qualquer um, em qualquer lugar, pode expressar suas crenças, não importando quem o faça, sem medo de ser coagido ao silêncio ou ao conformismo.

---

* Todos os itálicos ao longo do texto são meus.

15

Vossos conceitos legais sobre propriedade, expressão, identidade, movimento e contexto não se aplicam a nós. Baseiam-se na matéria.

Aqui não há matéria. Nossas identidades não possuem corpo, por isso, diferentemente de vós, não podemos obter ordem por meio de coação física.

[...]

Vossos próprios filhos vos atemorizam, já que são nativos de um mundo em que sempre sereis imigrantes. Como os temeis, confiais vossa burocracia às responsabilidades parentais que covardemente não podeis enfrentar. Em nosso mundo, todos os sentimentos e expressões da humanidade, dos mais vis aos mais angelicais, são parte de um todo único, a conversação global dos bits. Não podemos separar o ar que asfixia daquele sobre o qual batem as asas.

Devemos declarar nossos "eus" virtuais imunes à vossa soberania, ainda que continuemos consentindo com vosso poder sobre nossos corpos.

Difundir-nos-emos pelo planeta para que ninguém possa encarcerar nosso pensamento.

Criaremos uma civilização da mente no ciberespaço. Que seja mais humana e mais bela do que o mundo que vossos governos criaram antes."

Davos, Suíça, em 8 de fevereiro de 1996, John Perry Barlow [1]

Madri, Espanha, em 16 de maio de 2021, Álvaro D. María

INTRODUÇÃO

"Crise" significa juízo, mas um juízo decisório (do verbo grego *krino*), revisório e seletivo, que implica um julgar de novo os critérios usuais, um juízo do juízo. O juízo usual constitui um estado de opinião, as estimações estabelecidas, as ideias em circulação. Os dois produtos fundamentais dessa estimativa usual, em circulação, são: por um lado, a moeda, e, por outro, a lei. Que tanto a moeda quanto a lei tenham sofrido em nossos dias uma inflação, uma desvalorização, enfim, um desprestígio, é um fato que está à vista. Convém, todavia, não esquecer que a crise da moeda e a crise da lei não são mais que os dois aspectos evidenciais de um mesmo fenômeno: *a crise radical do mundo moderno*. Daí a gravidade e atualidade do tema.

Os romanistas ante a atual crise da lei, Álvaro d'Ors

O que se qualifica de "habitual" geralmente é constituído por aquelas crenças que estão no ambiente em que nos desenvolvemos. Essas crenças fazem parte de nós de uma forma íntima e, às vezes, comunitária, estando aí sem que tenhamos consciência delas. Nós as assimilamos por osmose de nossa circunstância histórica, e elas nos são tão evidentes que não admitimos um pensamento distinto nem qualquer ocorrência que lhes seja oposta. Elas nos constituem como sujeitos, porque nos sustentam. É a partir delas que interpretamos a realidade e, como bem ensina Ortega, são de uma natureza distinta das ideias.

Em certas ocasiões, aparecem determinados obstáculos em nossa vida que não somos capazes de remover com as crenças que nos sustentam, e necessitamos então de uma nova ferramenta para conseguir afastar o problema que nos incomoda. Quando nossas crenças se mostram insuficientes para dar uma resposta, elas recuperam seu caráter de *ideias históricas*, mas, como as crenças são o solo sobre o qual pisamos, nos encontramos como em um abismo, como se um terremoto tivesse aberto uma cratera bem abaixo de nossos pés, e então nos descobrimos em dúvida, como se não estivéssemos em terra firme, mas em mar aberto, após um naufrágio. Isso é uma crise, e é justamente aí que se deve fazer um juízo sobre os novos acontecimentos e decidir por qual caminho prosseguir no curso da história.

Pois bem, duas crenças estão entrando em crise e nos conclama a decidir por onde continuar. Essas crenças são a de que uma moeda que seja dinheiro deve necessariamente ter o respaldo de uma autoridade e de que "Estado" é um conceito que se pode aplicar a qualquer sociedade política, sem que se possa pensar em formas políticas pós-estatais. Com isso, a crise do Estado e da moeda atual.

Em nossos dias, ao menos no mundo ocidental, olha-se com desprezo para as épocas anteriores, com suas guerras, fomes, hiperinflações e pandemias, como tempos em que a humanidade ainda era menor de idade, pouco democrática e científica. Contudo, a covid-19, o rearmamento generalizado, os desequilíbrios demográficos, as expansões monetárias e as escaladas de pequenos conflitos começam a gerar certo nervosismo.

> *Tampouco se cria em recaídas na barbárie, por exemplo, guerras entre povos da Europa, como em bruxas e fantasmas; nossos pais estavam plenamente imbuídos da confiança na força infalivelmente aglutinadora da tolerância e da conciliação [...] Mas nós, homens de hoje, há tempos excluímos de nosso vocabulário a palavra "segurança", como um fantasma, restando-nos facilmente a rendição à ilusão otimista daquela geração [...] aprendemos a não nos surpreender ante qualquer novo broto de bestialidade coletiva, nós, que todos os dias esperávamos uma atrocidade pior que a*

do dia anterior, somos muito mais céticos no que tange à possibilidade de educar moralmente o homem. Tivemos de dar razão a Freud quando afirmava ver em nossa cultura e civilização tão somente uma capa muito fina que a qualquer momento poderia ser perfurada pelas forças destruidoras do inferno [...] Aquele mundo de segurança foi um castelo de cartas. No entanto, meus pais viveram nele como em uma casa de pedras [2]. (O mundo de ontem, Stefan Zweig)

PARTE I
OS PRINCÍPIOS FILOSÓFICOS DO BITCOIN

CAPÍTULO 1
Filosofia do dinheiro

> "Não há melhor remédio do que reconhecer que as opiniões acerca do dinheiro são mais difíceis de descrever do que a quantidade de nuvens deformadas pelo vento."
>
> *História da análise econômica,* Schumpeter

Não há dúvida de que o dinheiro é fundamental em nosso mundo. Não digo que seja o elemento mais importante, mas simplesmente que atravessa nossa vida e grande parte de nossas ações cotidianas. Ele controla e move vontades como poucas coisas, mas o que ele é? Dinheiro e moeda são a mesma coisa? Que diferenças há entre um e outro?

Ao tratar desses temas, em geral, há certa confusão nos termos. Nós nos movemos com base em uma crença ou preconcepção do que sejam o dinheiro e a moeda. Utilizamo-nos deles todos os dias, mas como não podemos saber o que são? Ambos são dados como fatos, mas raramente nos é explicado ou se desenvolve uma teoria a respeito. Além disso, no uso comum, os termos "dinheiro" e "moeda" são empregados sem distinção, de modo intercambiável. E, de fato, de alguma forma, moeda e dinheiro são como corpo e alma, matéria e forma um do outro. Quando unidos, podem ser caracterizados como circulantes, assim como o corpo unido à alma é um corpo vivente ou animado; e quando o dinheiro abandona seu corpo, seu substrato material, que é a moeda, esta passa a ser objeto de estudo não mais da economia, mas da numismática.

Entende-se muito melhor o que o dinheiro é se o víssemos como um adjetivo de determinadas mercadorias, em vez de como um substantivo. É certo que essas mercadorias consideradas dinheiro possuem determinadas qualidades distintas das outras: em geral, não são consumíveis, são divisíveis, escassas, transportáveis, facilmente vendáveis — possuem muita liquidez —, são armazenáveis, fungíveis, devem facilitar a quantificação e a contagem, devem ser difíceis de manipular, fáceis de verificar e que não se deteriorem com o passar do tempo. Todas essas qualidades são as que permitem que tais mercadorias sejam utilizadas como um *meio de troca*, que sejam consideradas *bom dinheiro*. Sem dúvida, o dinheiro é uma mercadoria cujo principal valor é facilitar as trocas, os intercâmbios comerciais, que é uma função essencial sua, visto que reduz os custos do comércio, e por isso é tão fundamental nas sociedades.

No imaginário social, o dinheiro tem certa peculiaridade que o torna único: ele é um produto social vilipendiado, desprezado na vida pública, e, no entanto, não há outro produto social que se busque e deseje tanto quanto o dinheiro. Não tem sido pouca a tinta que se tem gastado para assinalá-lo como o culpado de muitos dos males humanos, e, apesar de tudo, ele parece continuar tendo o mesmo grau de importância que sempre teve, seguindo seu curso e sabendo-se vital na sociedade. Embora seja objeto de todo tipo de críticas, sua existência nunca foi seriamente questionada. Tem-se falado da morte de Deus, da morte da democracia, do fim da arte, da morte da filosofia, da decadência da civilização; mas o dinheiro segue impávido, sendo sistematicamente insultado por seu poder, influência e capacidade de sedução; mas ainda assim, imprescindível para a vida em sociedade.

Atribui-se a ele o fomento do individualismo ao desatar os laços sociais, quando ele é precisamente o produto mais social de todos. Se fazemos esta pergunta a alguém: "O que você levaria para uma ilha deserta se apenas pudesse levar três coisas?", ninguém dirá que levaria dinheiro. O dinheiro atua na prática como um registro das relações de intercâmbio social, das relações com outros, refletindo o valor da troca realizada em um determinado momento.

Sem dúvida, o dinheiro tem motivos — não digo que justificados, mas sim emocionais — para ser insultado, especialmente à medida que abarca cada vez mais relações sociais. O dinheiro explicita e traz à tona os interesses das relações sociais. Contra o que costuma se dizer, o dinheiro não corrompe, tal como o faz o poder, mas delata. Vincula muitas relações sociais ao cálculo econômico, e isso é um problema para a vida comunitária, em especial para os laços sociais, visto que estão tecidos pelo *sagrado,* pelos usos e costumes, por relações de consentimento tácito; e tudo isso se considera com frequência de valor incalculável. Por isso se considera que o dinheiro *dessacraliza,* motivo pelo qual é objeto de todo tipo de críticas. Veremos brevemente sua evolução através da moeda.

CAPÍTULO 2

Filosofia da moeda

> Em todos os países do mundo, a avareza e a injustiça dos príncipes dos Estados soberanos, abusando da confiança de seus súditos, têm diminuído gradativamente a quantidade verdadeira do metal que primitivamente suas moedas continha.
>
> *A riqueza das nações,* Adam Smith

Em geral, ao falar da origem do dinheiro, costuma-se fazer referência ao sistema de trocas (escambo)*; no entanto, não há evidências históricas de que isso tenha de fato acontecido, ao menos não no contexto do que podemos considerar como comércio. Antes do desenvolvimento da moeda, costumava-se utilizar certas mercadorias, mais ou menos

---

* Luis Carlos Martín Jiménez explica-o assim: "Permuta ou escambo, entendido como mera troca, está ao nível da pilhagem sistemática, ou do roubo intertribal de bens ou mulheres. É impossível que os mercados de troca sejam o fator 'natural' que deu origem à moeda como 'brilhante solução alcançada pelos homens para facilitar suas transações'. Na verdade, a troca mercantil nunca existiu como um modo 'natural' de comércio. Essas trocas não são deficitárias, ou têm problemas de quantificação. Não há precedentes antropológicos que afirmem que a troca econômica existia em qualquer sociedade humana. Se olharmos para a Grécia antes da moeda, e virmos como o comércio era explicado, encontraremos a história em que Heródoto narra o desembarque de mercadorias nas praias por onde passavam os fenícios, que voltam ao navio esperando a reciprocidade das tribos com outros bens que serão recolhidos caso gostem ou satisfaçam o que se espera. É o que se chamava 'comércio silencioso'[3]".

homogêneas, como conchas, metais, prata, ouro e outras, às quais se atribuíam certas qualidades mágicas ou sagradas, visto que a riqueza costumava se relacionar à manifestação de *poder e autoridade*.

Pois bem, a moeda, para aparecer como tal no curso da história, precisou do desenvolvimento e convergência de certas técnicas junto com a validação de uma autoridade política. Seguindo Parise, sua origem não estaria na Lídia, como geralmente se diz, dado que o que surge nesse local são metais com legendas, marcas ou signos de equivalência: "A moeda tem uma forma funcional de existência distinta da do metal pesado", visto que a transição de uma barra de metal marcada para uma moeda propriamente dita, respaldada por uma autoridade política, não se encontrava ali materializada: "Com a impressão, a moeda se torna uma medida oficial do valor e um meio de compra garantido [4]".

Essa convergência histórica das diversas técnicas, que coincidem simultaneamente, formam-se com clareza na Grécia antiga. O desenvolvimento da metalurgia e da fundição do ferro foi o que permitiu a cunhagem de unidades monetárias mais homogêneas. A balança permitiu realizar a proporção entre as diferentes moedas entre si e inferir-lhes uma lei — validar sua pureza —, bem como aferir os pesos dos produtos e sua relação com essas moedas (nos dias de hoje, seguimos pesando uma grande maioria de produtos para verificar quanto devemos pagar). Outra inovação que aparece claramente desenvolvida naquela época é a linguagem alfabética, que permitiu marcar as moedas de tal modo que era a autoridade política quem lhes conferia validade, reduzindo assim os custos do comércio, já que evitava ter de comprovar a cada transação a pureza e veracidade das moedas entregues. O desenvolvimento da metalurgia, da balança e da linguagem alfabética, no seio da polis, são as três técnicas que permitiram o salto tecnológico e a revolução das moedas no curso da história econômica. A Grécia coloca no centro da vida social a Ágora, o mercado, e os frutos daquela civilização foram colhidos e conhecidos por todos até os dias de hoje.

É característico de toda técnica seu caráter destrutivo sobre aquilo que vem a substituir, e tal destruição é proporcional ao nível de inovação que apresentam as referidas técnicas — pergunte-se aos luditas —, e a primeira coisa que essas moedas fizeram foi acabar com todas as outras mercadorias que se empregavam antes como meios de troca nas transações comerciais, precisamente aquelas que tinham caráter mágico ou sagrado. É possível notar que o caráter dessacralizador — de secularização — do dinheiro se encontra presente desde sua origem.

Assim, o novo dinheiro que aparece na Grécia, a moeda, é mais divisível, mais quantificável, mais formal, mais abstrato: atributos que permitem medir e ajustar com maior precisão o valor das mercadorias, facilitando e incrementando o comércio. Impõe-se sobre os demais meios de troca por conta dessas qualidades e por ser emitida pelo poder público, de modo que não é parcial, visto que esse poder não é o de um particular frente a outro, mas o da própria sociedade, representada pelo Estado ou pela autoridade política — enfim, pelo poder público —, frente a todos os indivíduos particularmente considerados. Assim, todos poderiam utilizá-la de igual modo, e, por essa razão, consegue se difundir facilmente por todo o território abarcado pela jurisdição estatal.

Assim como as línguas, a moedas têm acompanhado as comunidades políticas e tido presença cada vez maior conforme o poder e a extensão das comunidades políticas vão se expandindo, especialmente nos impérios. Desde o tetradracma da época de Alexandre, o Grande, até o dólar como papel-moeda nos Estados Unidos, a moeda do império dominante tem sido a de maior influência. A competição entre as diferentes potências políticas e suas respectivas moedas é parte essencial da economia política. Uma economia cuja politicidade está estabelecida para que a maioria das trocas comerciais se dê entre territórios, os quais estão sempre sob algum tipo de governo, que de algum modo interfere no comércio, mesmo que apenas a pretexto de protegê-lo, está atravessada pela decisão política. E, historicamente, os governos impuseram de modo coercivo suas moedas, detendo sua propriedade e as emitindo em seus territórios — sobretudo pela necessidade de arrecadar tributos e remunerar exércitos.

Hoje em dia, o campo da economia política alcançou uma escala global, tanto a nível produtivo quanto financeiro. Porém, as moedas ainda são predominantemente estatais (ou pertencentes a grupamentos estatais, como o euro) e seguem contando com a impressão da autoridade política — e cremos ser inevitável que assim seja. Mas por acaso não houve nenhuma inovação monetária nos últimos dois mil anos?

Ora, assim como na Grécia, ocorreu em nosso tempo uma série de circunstâncias vinculadas ao desenvolvimento de novas tecnologias que, pela primeira vez permitiram, na história monetária, uma série de inovações muito significativas: (1) não depender de um terceiro para a emissão de uma moeda; (2) permitir o acesso a qualquer pessoa que assim deseje e disponha de internet; (3) desenhar uma moeda digital com muito boas qualidades monetárias; (4) fazer um registro público universal e imutável das transações; e (5) muitas outras novidades que desenvolverei nos capítulos seguintes. A internet, a globalização, a informática e as telecomunicações — enfim, o ciberespaço, permitiu o desenvolvimento do Bitcoin; e como é inerente à inovação tecnológica a destruição daquilo que ela substitui, tais inovações devem ter um caráter destrutivo proporcional a sua magnitude.

CAPÍTULO 3
A desestatização do dinheiro?

> O desenvolvimento da ideia de subtrair do governo o monopólio da emissão do dinheiro revelou algumas perspectivas teóricas fascinantes e mostrou a possibilidade de adotar medidas que nunca haviam sido consideradas. Enquanto nos libertamos da *crença universal*, conquanto tacitamente aceita, de que o governo deve proporcionar ao país uma moeda específica e exclusiva, todo tipo de discussão interessante surge que até agora não havia sido levantado. O resultado foi uma incursão num campo totalmente inexplorado.
>
> *A desestatização do dinheiro*, Hayek

Hayek encontrava-se escrevendo a obra de sua vida, *Direito, legislação e liberdade,* até que, de repente, deu-se conta de algo, motivo pelo qual parou tudo o que estava fazendo para ir escrever *A desestatização do dinheiro.* Sua intuição genial foi: por que o governo deveria emitir o dinheiro, se afinal de contas, ele não passa de mais uma mercadoria como todas as outras, só que com certas qualidades específicas, e que também pode muito bem ser ofertada no livre mercado? Quando o li pela primeira vez, tais ideias me pareceram muito razoáveis; inclusive, relacionei-o à possibilidade de o Bitcoin ir nessa linha, mas não acreditei muito nisso, a princípio. Três anos mais tarde, voltei a ler o livro e lhe dei uma segunda chance, e desde esse momento, eu também me dei conta de que tal hipótese era perfeitamente possível, visto que, como disse Hayek, precisamos apenas de "um dinheiro que resolva um problema mais simples, frear a *inflação* [...], que impeça o governo de ocultar a *depressão monetária*".

Como vimos, as moedas foram endossadas pela autoridade correspondente para garantir o seu peso e pureza, e assim evitar esse custo de transação. Contudo, com o passar dos séculos, propagou-se a crença — economicamente falsa — de que era o governo quem conferia valor ao dinheiro, especialmente a partir de 1971, ano em que Nixon suprimiu o padrão ouro. Porque, sim, até pouco tempo antes dessa data, grande parte do dinheiro em circulação era convertida em ouro. A escassez natural desse metal atuava como um espartilho para o poder político-bancário, que não podia emitir mais papel-moeda do que a quantidade de ouro que possuía.

A história monetária é a história da sistemática fraude perpetrada pelos governos contra os cidadãos na tarefa de lhes dar um bom dinheiro — fraude esta que, quando não foi por abuso expresso da confiança que lhes foi depositada, foi por pura incompetência. Mais ainda, quando havia algum limite à capacidade de os governos manipularem a moeda, eles fizeram mais, chegando até ao confisco do ouro, como decretou Roosevelt em 1933 com a Ordem Executiva 6102. Se isso aconteceu nos Estados Unidos, um país que alega respeitar a propriedade privada, a história monetária do restante do mundo também deixa muito a desejar.

Com um pouco de perspectiva histórica — uns poucos milhares de anos —, talvez pudéssemos ter percebido, como Hayek, que não era a melhor ideia confiar aos políticos o controle e emissão de algo tão valioso quanto o dinheiro, pois se já entre os indivíduos particulares, entre os quais reina certa igualdade, há certa tendência a se arrancarem os braços quando se lhes dão as mãos, quanto mais não haverá entre aqueles que ocupam uma posição de poder e superioridade.

Hayek deu à luz uma ideia que abalou os alicerces de uma das crenças mais arraigadas no coração e mente do homem contemporâneo. Agora nos resta apenas ver se o xeque é mate ou, em termos literais, se o *soberano* tem escapatória:

Mas, dado que a função do governo ao emitir moeda já não consiste em certificar o peso e a lei de certos pedaços de metal, mas que implica a expressa determinação da quantidade de dinheiro a ser emitido, os governos tornam-se totalmente inadequados para tal tarefa, e pode-se dizer, sem exagero, que têm abusado incessantemente, em todos os países, da confiança neles depositada pelo povo que defraudam. [...] As autoridades, assim como os particulares, não devem pegar tudo o que desejam, mas devem estar estritamente limitadas ao uso dos meios que os representantes do povo colocam à sua disposição, e não devem poder estender seus recursos mais além do que o povo tolere. [...] Ao estudar a história do dinheiro, não se pode deixar de perguntar por que as pessoas têm até hoje suportado um poder exclusivo exercido pelo governo durante mais de dois mil anos para explorar o povo e enganá-lo. Isso só pode ser explicado porque a crença (a necessidade da prerrogativa estatal) estabeleceu-se tão firme na mente dos povos que nem aos estudiosos profissionais deste tema lhes ocorreu colocá-la em dúvida. Mas uma vez que se duvide da validade da doutrina estabelecida, observa-se em seguida que sua base é frágil [5]. (A desestatização do dinheiro, Hayek)

PARTE II
BITCOIN

CAPÍTULO 4

Como abordar o Bitcoin?

> "Com efeito, assim como a luz do dia cega os olhos dos morcegos, do mesmo modo as coisas que têm em si a mais brilhante evidência cegam a inteligência de nossa alma."
>
> *Metafísica*, Livro II, Aristóteles

Como as crenças nos constituem e o Bitcoin vai diretamente contra duas das mais estabelecidas e prolongadas crenças político-econômicas no tempo, é inevitável que a reação natural e instintiva seja se opor a ele, seja não acreditar em tal ideia. É o normal, não só porque há muito barulho e confusão ao seu redor, mas porque temos uma predisposição a reagir assim.

Como se não bastasse, o Bitcoin possui uma enorme barreira de entrada, e não me refiro aqui ao seu preço, pois é possível adquirir frações dele, os chamados *satoshis;* tampouco ao fato de que seja necessário pertencer a um clube, obter um título ou pertencer a algum país específico para obtê-lo, pois de fato nada disso é necessário. Bem ao contrário, trata-se de um bem econômico de natureza diferente, que não entende de classes sociais, níveis econômicos, nem raças, requerendo apenas que uma pessoa deseje obtê-lo e, para isso, tenha acesso à internet. A barreira de entrada é sua natureza extraordinariamente complexa. Nós nos encontramos diante de algo multidisciplinar, de uma natureza radicalmente distinta, e de uma inovação conceitual e tecnológica equiparável apenas à origem da moeda, como vimos anteriormente; ou à pólvora, que mudou a configuração dos exércitos e modificou a lógica da violência; ou à internet, que representou a descentralização da produção, distribuição e acesso às telecomunicações e informação de forma global. Por essa razão, é natural que aqueles que não compreendem a radical e suposta revolução nele, nem sua natureza específica, especialmente quando oscila de preço, o menosprezem.

Buscarei mostrar como o advento do Bitcoin equivale a (1) descobrir o ouro, mas com melhores qualidades monetárias; (2) inventar a contabilidade de dupla entrada, mas sendo um livro-razão global, público e que representa um novo nível de imutabilidade e verdade; e (3) aplicar a ele a internet e o desenvolvimento da informática para redefinir o direito de propriedade, tornando-o inconfiscável, universal, acessível, sem depender de terceiros, e imparável — tudo ao mesmo tempo.

O que começa como uma curiosidade sobre o ativo em questão, em geral demora a fazer sentido para quem se interessa por ele, já que sua proposta é tão ambiciosa que é difícil acreditar nela, parecendo apenas uma ideia simples sem maiores repercussões. Porém, quando as peças se encaixam e assimilamos a proposta, ela se torna automaticamente uma obsessão, e enxergamos, estupefatos, seu alcance histórico. Parece não haver nenhuma ponta solta, e que tudo já foi pensado de antemão. Qualquer objeção que se levante contra ele já está resolvida mediante mecanismos que nem imaginávamos existir há pouco mais de uma década. Ou seja, para abordar a questão do Bitcoin, precisamos fazer o dever de casa, sentar para estudá-lo com seriedade. Porque a primeira impressão é de que se trata de algo feito para nerds, algo meramente especulativo, uma bolha sem muito futuro, sem repercussão e adesão, pronta para estourar a qualquer momento; que há muitas outras criptomoedas que podem superar o Bitcoin; que ele terá alguma falha ou poderá ser atacado; e que, finalmente, se representar algum problema para os Estados, estes o removerão sem maiores dificuldades. Tratarei de responder a essas e outras questões.

Neste livro, não pretendemos abordar a totalidade do que se pode dizer acerca do Bitcoin — uma tarefa de dimensões dificilmente abarcáveis —, nem sequer explicar seu funcionamento por completo ou suas novidades tecnológicas — campos que não domino, já amplamente desenvolvidos, e sobre os quais já se escreveu bastante —, salvo aquelas que se considerem necessárias. Assim como, para refletir sobre a natureza da internet, ou para utilizá-la, não é preciso conhecer seus aspectos técnicos e tecnológicos, do mesmo modo os considero desnecessários no que diz respeito ao Bitcoin e para os fins deste ensaio.

Quando Euclides apresentou a Ptolomeu os *Elementos* que este lhe havia encomendado escrever, Ptolomeu perguntou se não havia um caminho mais curto para aprender geometria do que o proposto nos *Elementos* que tinha acabado de receber; ao que Euclides respondeu: "Não há caminhos reais para a geometria". Essa anedota, que viria a assinalar que não importa a posição que se ocupa, para quem deseje aprender geometria, sendo necessário seguir o mesmo duro caminho que os demais para tanto, aplica-se também ao Bitcoin. Com o Bitcoin, não há atalhos, mas tão logo começamos a compreendê-lo, uma boa dose de humildade será necessária para concluir a tarefa. Mas superado o desafio, começaremos a imaginar um mundo de possibilidades antes difíceis de conceber. E, acima de tudo, se, como tudo indica, formos bem-sucedidos em nossa empreitada, isso nos fará perceber que haverá um período de transição a ser definido. Portanto, considero que temos o dever moral, especialmente aqueles que ocupam posições mais privilegiadas na sociedade e têm as mentes mais brilhantes, de refletir e trabalhar para construir um novo mundo com base nele.

CAPÍTULO 5

O que é o Bitcoin?*

> Não creio que voltemos a ter um bom dinheiro até que o retiremos das mãos do governo, quer dizer, não podemos retirá-lo violentamente, tudo que podemos fazer é *colocá-lo astutamente em circulação de tal forma que não consigam pará-lo.*
>
> Hayek, em 1984

O Bitcoin claramente aspira ser esse *astuto processo de colocar em circulação* um dinheiro que não possa ser controlado pelo Estado. Vejamos por quê.

Um bem só é considerado econômico quando é escasso, dado que, se não é escasso, não há razão alguma para acumulá-lo nem trocá-lo por outros bens, como, por exemplo, o ar que respiramos. Esse aspecto, que é a primeira lição de qualquer curso de economia, quando aplicado aos bens digitais, torna-se problemático, porque são meramente um conjunto de dados.

É fácil nesse âmbito digital multiplicar as unidades sem custo, por exemplo, podemos distribuir uma mesma imagem através de um aplicativo

---

* De especial interesse são as contribuições e explicações de Manuel Polavieja, que estudou e escreveu brilhantemente sobre o Bitcoin. Dele vem a exposição sobre os erros de Mises em sua concepção de dinheiro e de como Menger o compreendeu de forma superior, o que ajudará muitos estudiosos do assunto a entender melhor o Bitcoin.

de mensagens a múltiplas pessoas, mas o fato de poder replicá-las tantas vezes quanto desejarmos impede que ela seja um bem escasso e, portanto, que valha a pena acumulá-la. Além disso, para um ativo que aspire se tornar dinheiro, sua reprodução ilimitada equivale à falsificação. Imaginemos que 100 unidades monetárias de nosso banco pudessem ser enviadas a muitas pessoas de uma só vez (*problema do duplo gasto*). Esse problema poderia ser resolvido ao introduzir um terceiro que faça um intermédio e garanta que a imagem, ou as 100 unidades monetárias, não possam ser reenviadas para outras pessoas, como fazem, por exemplo, as plataformas de filmes e séries, ou os bancos com nossas moedas digitais. Mas, se temos que depender de um terceiro, há uma série de riscos consideráveis, visto que dependemos de sua diligência e estamos submetidos às suas normas. Se houver problemas técnicos, seremos prejudicados na prestação desse serviço; além do mais, ele pode estabelecer mecanismos de censura, pode ser alvo de ataques, pode falir, pode sofrer intervenção estatal etc. (*problema do intermediário de confiança*).

O Bitcoin consegue resolver esses dois problemas, já que é o primeiro ativo digital escasso a não depender de terceiros. É um sistema monetário efetivamente digital, de pessoa a pessoa — *peer-to-peer* —, isto é, em que se podem realizar transferências entre pessoas sem a necessidade de confiar numa instituição que intermedeie a transação. Sua oferta está limitada a 21 milhões de bitcoins, ainda que cada unidade monetária seja divisível em até 100.000.000 de *satoshis*, assim como 1 euro pode ser dividido em 100 centavos de euro. Seu calendário de emissão é conhecido e imutável. Sua comunidade de usuários, e a rede que se tece ao seu redor, permite emitir bitcoins, adquirir sua propriedade e transferi-los entre particulares. Além disso, seu código é aberto, o que permite a um número maior de programadores desenvolvê-lo e descobrir suas possíveis falhas, de modo a que qualquer inovação tecnológica ou necessidade de melhoria possa ser implementada também por um consenso da rede — rede esta que é descentralizada e cuja única preocupação é assegurar o sistema e melhorá-lo.

Como já comentado, o dinheiro é apenas um sistema de registro de valor. A pessoa A troca X com a pessoa B e, na transação, recebe Y no momento O. Enquanto isso, o principal papel dos bancos atualmente — além do financiamento, investimento e alguma política — é evitar o duplo gasto de seu dinheiro digital, custodiar seus fundos em reserva fracionária, ou seja, guardando apenas uma fração do que seus clientes depositam, e fazendo um registro do que A enviou para B no momento O. Pois o que o Bitcoin faz é justamente desempenhar essa função, melhorando-a em todos os aspectos. Desenvolverei o tema a seguir.

O Bitcoin nos permite ser nosso próprio banco, realizar a custódia total de nosso próprio dinheiro, já que, como veremos, é uma moeda com excelentes qualidades monetárias. A máxima aqui é *"not your keys, not your coins"* — "sem suas chaves, sem suas moedas". Ele possui um registro público, imutável e com marcação de tempo de todas as transações que simultaneamente permite verificar a ordem temporal destas, impedindo que os bitcoins que tenham sido enviados antes possam voltar a ser enviados, resolvendo assim o problema do duplo gasto. Isso é a *blockchain* do Bitcoin, uma inovação equiparável à contabilidade de dupla entrada. Além disso, o Bitcoin é inconfiscável — redefinindo o direito de propriedade —, acessível a qualquer pessoa, à prova de censuras, e suas transações não podem ser interrompidas por terceiros. A seguir, examinaremos todas as suas qualidades em detalhes e confrontaremos o Bitcoin com suas alternativas.

Reproduzirei o que discutimos antes sobre as qualidades do dinheiro para ver como o Bitcoin se encaixa em cada uma delas:

> *Entende-se muito melhor o que o dinheiro é se o vemos como um adjetivo de determinadas mercadorias, em vez de como um substantivo. É certo que essas mercadorias consideradas dinheiro possuem determinadas qualidades distintas das outras: geralmente, não são consumíveis, são divisíveis, escassas, transportáveis, facilmente vendáveis — possuem muita liquidez —, são armazenáveis, fungíveis, devem facilitar a quantificação e a contagem, devem ser difíceis de manipular, fáceis de verificar, e que não se deteriorem com o passar do tempo. Todas essas qualidades são as que permitem que tais mercadorias sejam utilizadas como um meio de troca, que sejam consideradas bom dinheiro. Definitivamente, o dinheiro é uma mercadoria cujo principal valor é facilitar as trocas,*

os intercâmbios comerciais, que é uma função essencial sua, visto que reduz os custos do comércio, e por isso é tão fundamental nas sociedades.

Em geral, os bens não são consumíveis; o Bitcoin também não é. Eles são divisíveis, cada Bitcoin pode ser dividido em 100.000.000 de partes; são escassos, haverá no máximo 21 milhões, sem contar os que se perdem; possuem alta liquidez, já que o mercado de Bitcoin é global e opera 24 horas por dia, 7 dias por semana; é armazenável, sendo muito simples de guardar, e os seus custos de custódia e armazenamento são menores que os de qualquer outro ativo com que possa competir; é fungível, porquanto o dinheiro deve ser o bem fungível por excelência, e nada é mais fungível do que um ativo digital idêntico; facilita a quantificação, devido à sua divisibilidade; tem alcance global, permitindo a quantificação de todos os bens e relações a nível global; é difícil de manipular, sua oferta é imutável, e seu calendário de emissão é conhecido de antemão; é fácil de verificar, já que qualquer um pode ver todas as transações realizadas em sua rede desde sua origem, quando foi posto pela primeira vez em circulação; não se deteriora com o tempo, os bitcoins não envelhecem, aproveitando as vantagens do ciberespaço, e, além disso, suas transações são imutáveis e irreversíveis.

O Bitcoin cumpre todas as qualidades desejáveis de um bom dinheiro, em uma nova escala, com uma segurança e imutabilidade nunca antes conhecida e redefinindo o direito de propriedade. Além disso, por todas as suas características de globalização, segurança, imparabilidade, imutabilidade, verificabilidade e não dependência de terceiros, permitiria reduzir os custos de transação de uma economia cada vez mais internacionalizada.

O Bitcoin nos abre para um mundo novo, um espaço de resistência e liberdade.

CAPÍTULO 6

Redefinição do direito de propriedade

> Se você tem um grande patrimônio, busque um banco em Singapura que lhe atenda melhor que um banco em Nova York, Londres ou Tóquio, e o transfira para lá em menos de meia hora por cerca de cinco dólares. O que acontece depois? Alguém na Califórnia diria: "Ei, esses patrimônios estão indo embora, que tal se cobrarmos impostos sobre as transferências?". Nesse caso, você simplesmente coloca seu patrimônio em Bitcoin, memoriza suas chaves e ele está na sua mente. E, se quiserem taxá-lo, responda: "Bem, eu perdi meus bitcoins em um acidente de barco". No fim das contas, se nos sobrecarregarem com impostos, "eu os perdi, sinto muito". COLOQUEM IMPOSTOS NISSO!
>
> Michael Saylor

Muitas são as mudanças que o Bitcoin introduz. Sem dúvida alguma, a maior delas é o fato de redefinir o conceito de propriedade privada, fazendo-o depender do conhecimento de certas *chaves*, assunto que parece pouco intuitivo, mas que, na realidade, é tão simples de utilizar quanto uma página da internet, ou um aplicativo de banco.

Sendo assim, o Bitcoin redefine o direito à propriedade privada, efetivando-o a tal ponto de torná-lo inconfiscável. Uma vez que tenhamos acesso às nossas chaves — *"not your keys, not your coins"* —, sua tecnologia nos permite nos manter fora do alcance de qualquer um, e, no caso de perdermos o dispositivo a partir do qual costumamos acessá-lo, podemos voltar a acessar nossos fundos apenas com um conhecimento de sua *semente* — um conjunto de palavras que nos permitem recuperar o acesso a eles em qualquer outro dispositivo.

A revolução é de tal magnitude que nos permite acumular riqueza sem que ninguém mais no mundo possa expropriá-la, para o bem ou para o mal. Trata-se de um contrato de propriedade sem a necessidade de Estados, que nos permite ter o controle exclusivo de um bem sem a necessidade de leis ou intermediários. Além disso, não apenas permite acumular valor, mas também transmiti-lo sem depender do Estado, de uma ponta a outra do planeta, sem que ninguém possa impedir. Isso, que parece difícil, vem ocorrendo há mais de uma década. Ao suprimir a dependência de um terceiro, evita a possibilidade de censura, ou de qualquer limitação à propriedade privada, e incrementa a segurança, fazendo depender a propriedade do conhecimento. Isso supõe uma mudança jamais vista na história, nem sequer imaginada. No mundo físico, todo bem corpóreo pode ser confiscado, mas, no ciberespaço, a soberania estatal perde todo o seu poder, fato que nos permite conceber e construir novos tipos e categorias de organização política da sociedade que antes eram simplesmente impensáveis, porque não havia liberdade para tanto.

Nas sociedades atuais, a propriedade privada depende do Estado, de sua regulação, de seus registros, de seus impostos e confiscos, das decisões judiciais, de sua cesura etc.; com o Bitcoin, cria-se um espaço a nível global em que já não é mais possível expropriar o que ali se tem, nem impedir que seja enviado a qualquer momento para quem quer que seja.

CAPÍTULO 7

Por que o Bitcoin é importante, não a *blockchain*?

> "Às vezes, diz-se que uma cadeia de blocos é imutável, e, por isso Bitcoin o é, como qualquer outra. Não, não há uma nuance importante."
>
> Emérito Quintana

Muitas vezes, escutamos que o importante não é o Bitcoin, mas a tecnologia *blockchain*. Pois esse é um dos maiores erros, sobre o qual se está construindo um castelo de cartas condenado a cair logo. A *blockchain* existe desde 1991; porém ninguém havia encontrado nenhuma utilidade para ela até surgir o Bitcoin, fato que faz a *blockchain* ter sentido apenas como é empregada no Bitcoin.

Por que se diz então que é mais importante a tecnologia do que o Bitcoin? Porque o Bitcoin ainda está em processo de descoberta pelo mercado e suas qualidades monetárias ainda não são consideradas, motivo pelo qual se pensa que a novidade tem que ser a tecnologia nele incorporada. Além disso, como soa como um registro descentralizado de informações, neutro e selado no tempo, parece que poderia ser utilizado nas cadeias de suprimento, para registrar e transmitir títulos ou ações, propriedades imobiliárias etc.

Na verdade, essas qualidades são exclusivas da *blockchain* do Bitcoin, incluindo o sistema como um todo, com seu sistema de consenso e incentivos que lhe garantem segurança e integridade. Como vimos, o Bitcoin resolve o problema do duplo gasto; para tanto, ele necessitava de um registro imutável, de modo a evitar a possibilidade de enviar as mesmas unidades monetárias digitais duas vezes e também solucionar o problema da dependência de terceiros.

Pois bem, como assinala Polavieja:

> *A primeira questão é que um sistema informático, baseado na blockchain ou não, é incapaz de verificar de forma autônoma a existência e as qualidades de coisas que são externas ao próprio sistema. Um registro informático de moedas de ouro não possui meios de saber se uma moeda de ouro existe fisicamente ou não, se é autêntica, onde está, e quem a controla. Essa informação deve ser provida por um terceiro* [6].

Mas aí dependeríamos de outra pessoa. Se aplicado para rastrear a origem deste ouro, também não seria possível verificar tal coisa, já que essa informação teria que ser inserida por alguém. Para o sistema informático, só é possível verificar produtos de sua própria natureza; no caso do Bitcoin, trata-se de um conjunto de dados internos ao próprio sistema, o que permite evitar a dependência de terceiros para a referida verificação.

O segundo problema é que, mesmo se os dados forem da mesma natureza do sistema, para alcançar a imutabilidade, é imprescindível que qualquer um possa verificar com facilidade e de forma independente todos os dados, desde a origem, mas, insisto, sem precisar delegar a terceiros. Portanto, deve ser difícil de manipular, não bastando apenas revelar que alguém manipulou a informação.

Pois isso foi resolvido por Satoshi mediante a brilhante ideia do *Proof of Work* (Prova de Trabalho). Vejamos a explicação de Emérito:

> *Em uma blockchain, utilizam-se funções hash, que é uma forma matemática de criar impressões digitais únicas de qualquer informação, impressões fáceis de verificar. Se qualquer dado for alterado, com um bloco com transações, a impressão digital (o hash) muda, evidenciando a manipulação. Para encadear blocos, basta incluir o hash do bloco anterior no bloco novo, de modo que o novo hash dependa do anterior. Portanto, se todos tivermos*

a mesma cadeia e alguém alterar algo, perceberemos. E é isso que acontece, mas o importante não é que se perceba que alguém fez uma modificação (tamper-evident), a verdadeira segurança não é essa. Não é preciso que a alteração seja evidente, mas é preciso que seja praticamente impossível modificar algo (tamper-proof). Isso sim o tornaria seguro e imutável. E isso não é alcançado pela blockchain. A rede Bitcoin exige de cada bloco uma prova de trabalho, exige que o hash tenha um certo número de zeros, coisa que só se pode conseguir de forma aleatória, por tentativa e erro. Não se pode fingir ter obtido um hash válido sem incorrer em um gasto significativo de energia. Isso é o que chamamos de mineração. Os nós da rede tomam como verdadeira a cadeia mais longa, aquela com mais provas de trabalho, mais evidência de energia acumulada [portanto, qualquer crítica ao consumo de energia carece de sentido se o Bitcoin for considerado útil, pois é fundamental para garantir sua imutabilidade]. Nesse cenário, mesmo que se tenha 51% do poder computacional, como mudar o passado? Como modificar uma transação de quase duas semanas? Isso, no Bitcoin, é uma eternidade, pois já está gravado em pedra sob montanhas de energia acumulada, um monumento à imutabilidade. Uma nova categoria de imutabilidade. E por que os mineradores fazem isso? Pela recompensa, pelo equilibrado sistema de incentivos econômicos que protege a rede, que passou por um processo irreplicável para que outras o tentem imitar. Precisamos apenas de um sistema global de Proof of Work. Não há espaço para o segundo melhor. A diferença entre tamper-evident e tamper-proof será transcendental quando revisarmos a história [7].

Portanto, qualquer aplicação que utilize *blockchain* e não seja universalmente verificável e imutável, com dados internos do próprio sistema e/ou que dependa de terceiros, é insustentável.

CAPÍTULO 8

Por que não outras criptomoedas? Será superado por outras tecnologias? E a questão do meio ambiente?

Shrek: Para a sua informação, o Bitcoin é mais complexo do que a gente acredita.

Burro: Exemplo.

Shrek: Exemplo? O Bitcoin é como as cebolas.

Burro: Apetitosas?

Shrek: Não!

Burro: Fazem você chorar?

Shrek: Sim! Não! Camadas! As cebolas têm camadas! O Bitcoin tem camadas! As cebolas também têm camadas, entende? Os dois possuem camadas!

Burro: Ah, sim! Os dois possuem camadas! Mas as cebolas não agradam todo mundo. DOGE! Todos gostam de Doge! E ele também tem camadas!

Shrek: E por que eu deveria me importar com... o que as pessoas gostam! O Bitcoin não é como as *shitcoins*!

Burro: E o que você acha do Ethereum?

Shrek

Englobar tudo sob o conceito de "criptomoedas" talvez seja o maior de todos os equívocos relacionado ao mundo do Bitcoin. Sob esse erro e o anterior — a *blockchain* —, surgiu a ideia de que existem novas opções em concorrência, disruptivas, que propõem uma alternativa ao sistema monetário estabelecido, e já começou uma corrida para ver qual será o próximo Bitcoin. "Há milhares de criptomoedas, por que o Bitcoin deve ser o vencedor? Além disso, ele é lento!"

O erro, provavelmente de má-fé, está em acreditar que o aspecto mais importante no Bitcoin é o uso de criptografia. Sem dúvida, o Bitcoin a utiliza, mas não é isso que o diferencia das moedas anteriores; com efeito, a criptografia já era usada muito antes do Bitcoin. Nesse aspecto, o Bitcoin não apresenta grande novidade, pois o emprego de algoritmos já é amplamente difundido. Ele não representa nenhum avanço significativo em matéria de criptografia, porque não é necessário.

E por que todas essas moedas não competem com o Bitcoin? Porque nem mesmo tentam. Como vimos, uma de suas qualidades fundamentais é a independência de terceiros. Se já existe um sistema garantido em funcionamento há mais de uma década sem depender de ninguém, por que desejaríamos uma cópia barata, que pode ser manipulada a qualquer momento por uma entidade, pessoa ou fundação? Mais do que aspirar a sistemas monetários globais, essas moedas são, na melhor das hipóteses, participações em projetos empresariais e, na pior, esquemas de loteria ou pirâmides. Se acreditamos que o Bitcoin está caro, devemos nos lembrar sempre de que é possível acumular frações dele, os famosos *satoshis*.

Nem mesmo uma nova tecnologia se apresentaria como alternativa ao Bitcoin, pois essa tecnologia poderia ser adotada por ser de código aberto. Tampouco possuem alguma qualidade monetária, dentre as que vimos, que supere o Bitcoin, e que também pudesse ser adotada.

Com certeza nenhuma delas oferece uma alternativa ao Bitcoin, nem mesmo o *Ethereum*, já que não faz sentido manter grandes reservas de tesouraria em uma moeda cuja virtude são os *smart contracts* (contratos inteligentes) e cujo crescimento se baseia no frágil castelo de cartas da tecnologia *blockchain* e das criptomoedas. Não estamos realizando *smart contracts* com tanta frequência; portanto, pequenas quantidades de dinheiro serão usadas para esses contratos pontuais, e demandar algo apenas para se livrar de imediato não costuma conferir muito valor a um ativo. No entanto, se a especulação de se tornar o próximo Bitcoin continuar, sempre haverá quem a siga.

Dia após dia, centenas de novas *shitcoins* surgem, proclamando-se as melhores por serem mais rápidas e menos custosas, e processarem mais transações por segundo pelo melhor preço. Mas, mais uma vez, isso significa não entender o problema que o Bitcoin soluciona, pois para isso já temos o *PayPal*. Trata-se, aqui, de permitir a verificação universal sem depender de terceiros para evitar o duplo gasto, e, para isso, a lentidão da camada base é uma virtude, não um defeito, pois confere segurança ao sistema. Para que qualquer um possa verificar tudo, o Bitcoin limita o número de transações que podem ser incluídas em cada bloco e mantém certo intervalo de tempo entre cada bloco. Essa limitação é o que faz com que o custo de uma transação aumente quando a demanda ultrapassa essa capacidade limitada. O custo é consequência da demanda, já que a capacidade de incluir uma transação no bloco é leiloada, dando prioridade às transações dos usuários dispostos a pagar mais, o que também faz parte do sistema de incentivos para garantir o Bitcoin. Além disso, é importante lembrar que o Bitcoin, assim como o ouro, não se destina a pagar cafezinhos. Não temos problemas cotidianos para fazer isso, mas sim para economizar e possuir um ativo como reserva de valor, embora se possam implementar aplicações que permitam microtransações baratas em outras camadas, como a *Lightning Network*.

No início da internet, também houve uma guerra, conhecida como *protocol wars*, em que vários tipos de protocolos de comunicação se candidataram a se tornar o sistema central das comunicações e informações descentralizadas a nível global, muito similar à nossa situação atual. Dependendo da demanda do mercado, o Bitcoin pode ou não prevalecer. Naquela guerra, o protocolo TCP/IP venceu porque permitia um maior grau de conectividade; nesta guerra, o Bitcoin é o mais seguro.

Quanto ao consumo energético, que é uma das críticas mais frequentes ao Bitcoin, seu ponto de partida inclui muitos equívocos. O principal é a alegação de que o Bitcoin é inútil. Os carros elétricos também consomem eletricidade, mas os carros são úteis, seus usuários pagam desde já pela eletricidade. O Bitcoin é um sistema monetário global, 24 horas por dia, totalmente acessível; qualquer um pode desenvolver negócios com o Bitcoin, ele não pode ser manipulado por políticos ou banqueiros etc. Parece ser útil, e é razoável, portanto, que, para garantir sua imutabilidade e segurança, como já vimos, consuma a energia necessária para manter o seu sistema. Além disso, a possibilidade de total deslocalização do consumo de energia por parte dos mineradores poderia solucionar grande parte do desperdício energético que se produz no mundo, visto que eles buscarão a energia mais barata — e não há energia mais barata do que aquela que se desperdiça nos centros de produção devido aos custos de transporte para a rede. Ao mesmo tempo, promove formas de geração de energia que funcionam num ritmo constante, como, por exemplo, a hidrelétrica. Muitos projetos de energias renováveis são descartados devido à volatilidade de sua produção em relação à demanda esperada, fazendo com que, na maioria das vezes, a energia seja desperdiçada. O Bitcoin resolve esses picos, tornando esses projetos viáveis. Além disso, permitiria amortizar as infraestruturas elétricas em países em desenvolvimento, que têm uma grande capacidade excedente de geração de energia em sua origem.

Mas nada disso pode se comparar ao verdadeiro efeito que uma adoção massiva do Bitcoin pela maioria da população produziria. Explico: o consumismo é o que provoca a maior parte do impacto ambiental atualmente. O que aconteceria se uma maioria significativa do mundo adotasse um dinheiro que, com o passar do tempo, é valorizado de forma constante a longo prazo? A tendência seria acumulá-lo, evitar o consumo desnecessário, ser mais prudente em seu uso (sua *preferência temporal* seria reduzida). O Bitcoin abre a possibilidade de que todos economizem e façam um uso mais racional do dinheiro:

> Portanto, creio que, se tivermos uma moeda que é mais deflacionária, as pessoas serão incentivadas a, em vez de sair e consumir itens de fato inúteis, economizar e investir em projetos de longo prazo. Creio que não é o consumo o que realmente impulsiona o crescimento sustentável no longo prazo. O que de fato aumenta nossa qualidade de vida são projetos de longo prazo em

tecnologia, pesquisas e coisas do tipo. As melhores coisas já resultaram de esforços de 10, 20, 30 anos; em vez de comprar algo inútil, não é mesmo? [8]. (*O argumento definitivo a favor do Bitcoin,* Murad Mahmudov)

Os bancos centrais não cansam de estimular a economia gerando uma oferta monetária cada vez maior, que tem como resultado criar novas unidades monetárias para gastar, depreciando assim a própria moeda. Isso significa que hoje ela vale mais do que amanhã e, portanto, que é melhor gastá-la do que economizá-la, visto que, se a deixarmos no banco, perderá valor. O impacto de longo prazo do Bitcoin no mundo poderia ser o de corrigir esse consumismo, oferecendo uma moeda que valha a pena guardar em vez de gastar com qualquer coisa, e impedindo a expansão creditícia dos bancos centrais, que geram centenas de projetos empresariais condenados ao fracasso, e que assim desperdiçam os escassos recursos de nossa sociedade.

CAPÍTULO 9

A volatilidade

> "A volatilidade é a informação que ainda não foi digerida [...] Não existe alta volatilidade, o que existe é uma exposição incorreta a um ativo volátil."
>
> Adolfo Contreras

Entre as supostas críticas ao Bitcoin, a mais repetida delas é a de que o Bitcoin é volátil demais, e de fato o é. Na verdade, o preço do Bitcoin é extrínseco a ele, e assinala algo muito importante: o mercado está em um processo de descoberta do Bitcoin, e a única forma de passar a valer 1 dólar, e de se tornar a moeda global padrão, é com volatilidade em seu caminho. Mas longe de ser um inconveniente, a volatilidade é muito desejável. Ao fim e a cabo, sem volatilidade, o Bitcoin continuaria valendo 1 dólar. O Bitcoin não é uma empresa, nem conta com um departamento de marketing — ele precisa se dar a conhecer de algum modo.

Os novos projetos empresariais são muito difíceis de avaliar. Se entramos no início, corremos o risco de não alcançar um bom resultado; se entramos no final, perdemos uma oportunidade de negócio único; somente com uma tese de investimento apropriada, em que analisamos o que compramos, podemos avaliar de maneira adequada esse ativo e manter a convicção nele, independentemente de seu preço. O mesmo acontece com os jogadores de futebol: quando as estrelas são escassas e seus preços disparam, os mercados de contratação ficam loucos com os preços das futuras promessas, tentando discernir qual será a melhor e qual a pior. Isso poderia servir de analogia para o Bitcoin, se fosse possível que algum deles competisse, mas "assim como dois sóis não cabem, também não há espaço para Dario e Alexandre".

O Bitcoin é um ativo tão ambicioso que seu valor poderia superar em muito o mercado de ouro e prata, mas é tão inovador que muitos acreditam que, no futuro, seu valor será zero. Se, no futuro, ele se tornar um dos ativos mais capitalizados do mundo, será porque o mercado terá descoberto que é uma alternativa superior a todos os seus concorrentes. Como analisaremos no próximo capítulo, perceber isso representa a aposta mais assimétrica possível, mas isso está apenas começando. A volatilidade, como assinala Adolfo Contreras, é informação não digerida, um sinal luminoso que indica que algumas pessoas estão se dando conta de que algo está ocorrendo aqui que outros nem sequer estão vislumbrando.

Para mim, custou muito caro não entender isso de primeira, e, se não fosse pelo fato da subida de seu preço, porque continuou em alta quando eu o considerava morto, eu não lhe teria prestado atenção. A volatilidade é o que permitirá sua adoção, e quanto maior for sua adoção, acompanhada de compreensão, menos volátil será. A adoção em massa do Bitcoin passa inevitavelmente pela volatilidade, visto que esta é produzida por pessoas que entram no mercado ao verem outras ganhando dinheiro, sem entender o porquê disso e saem quando o preço cai. Vale a pena lembrar aqui de um dos lemas da comunidade do Bitcoin: "HOLD". Sua origem encontra-se em uma publicação anônima de 2013, cujo título era "I AM HODLING", devido ao estado de embriaguez de seu autor. Nela, ele descrevia que era um péssimo *trader* e não conseguia prever as mínimas e máximas como os outros, visto que o preço do Bitcoin estava mais baixo do que quando o comprou. Portanto, concluiu que os *traders* só poderiam levar seu dinheiro se ele vendesse. E que somente uma pessoa de mente fraca venderia seus bitcoins com base no medo, devendo, então, ignorar seu medo e manter seus bitcoins — esperamos que nosso amigo tenha mantido seus bitcoins desde então. Essa história nos coloca perante uma realidade: a dificuldade de compreender o Bitcoin resulta em uma tremenda volatilidade, devido à assimetria de informações no mercado. Quem compra sem saber o que está comprando não sabe o valor do Bitcoin, e quando seu preço cair, ficará assustado e tratará de vendê-lo, ou terá dificuldades com a volatilidade. Portanto, é recomendável estudá-lo antes. Se alguém não o entende e não lida bem com sua volatilidade, talvez o Bitcoin não seja para essa pessoa, ao menos por enquanto. Mas, se mesmo assim quiser participar da festa: HOLD!

O Bitcoin não precisa fazer mais do que já tem feito por mais de uma década, ser imune a todo barulho ao seu redor e seguir seu próprio ritmo, e é isso que ele fará: "Ao despertar, o Bitcoin ainda estava lá".

CAPÍTULO 10

Contra o que o Bitcoin compete?

"Preferimos um crescimento volátil a uma degradação estável."

Vijay Boyapati

Convém definir o campo da competição, porque, na realidade, competir mesmo, o Bitcoin compete contra tudo aquilo a que seus usuários deixem de destinar sua moeda atual. Mas, devido à natureza do bem, o Bitcoin é um ativo entre outros tipos de ativos, aqueles que atuam como meios de trocas, o que pode se dar tanto entre outras pessoas — transferência de propriedade — quanto entre mim e meu eu do futuro — ser proprietário ao longo do tempo. As moedas fiduciárias atuais cumprem esses requisitos, mas não são únicas. Títulos, ações, depósitos, ouro, imóveis, dívida pública, fundos de investimento e de pensão, arte etc., também se caracterizam por isso, pois atuam em significativo percentual como reserva de valor.

Esses bens, como se pode ver, podem ser tanto tangíveis quanto intangíveis — contratos —, e, para manter um bom registro da propriedade desses bens, em grande parte é necessário dependência dos Estados, tanto de sua regulação quanto dos contratos e da propriedade, bem como de suas necessidades, expansão monetária e impostos; portanto, sua segurança depende do Estado, o que poderia causar problemas se ele entrasse em crise. Além disso, desde a invenção do telégrafo, os bens tangíveis são pouco eficientes como registro de propriedade, e eles têm se tornado abstrações, como os vales, contratos ou digitalizações, para agilizar e reduzir os custos de negociação. Mesmo assim, a oferta de todos esses bens é variável, desde as moedas dos Estados, que podem ser criadas tantas quantas se queiram, até o ouro, cuja oferta aumenta entre um 1,6% e 2% ao ano.

Do mesmo modo, entre esses ativos, alguns apresentam riscos de contrapartida, isto é, se uma das partes não cumpre sua obrigação, como, por exemplo, no caso de haver um depósito em dinheiro e a instituição depositária falir, impossibilitando o saque do dinheiro. E há outros que possuem riscos de redenominação, ou seja, a substituição proporcional de uma moeda por outra, como, por exemplo, na Venezuela, em que a moeda perdeu zeros em várias ocasiões, ou em um cenário hipotético de ruptura do euro, em que os países que permanecerem de fora tenham de voltar às suas moedas nacionais desvalorizadas.

Em troca, o Estado confere certa segurança (a depender do país, deve-se dizer) a esses ativos, embora uma breve olhada na história da economia nos faça ver em seguida que a tônica geral é a desvalorização das moedas, a escalada dos impostos, a morosidade da justiça, e grandes regulações e confiscos; e sim, até o ouro foi confiscado.

O BITCOIN FRENTE A SUAS ALTERNATIVAS

> Não há nada melhor para que os homens orientem corretamente seus interesses econômicos do que observar os grandes benefícios obtidos por aqueles indivíduos mais hábeis, que decidiram aceitar, durante muito tempo, bens de alta capacidade de venda em troca de todos os demais.
> Carl Meneger

Frente a todos esses ativos, que papel tem o Bitcoin? Já vimos que ele é um excelente registro de propriedade, por ser imutável e público, em que qualquer pessoa pode verificar as transações e que independe de terceiros. Já vimos também como ele redefine o direito de propriedade e a torna, na prática, inconfiscável, afastando-a das regulações, expropriações ou impostos. Vimos que sua oferta está limitada a 21 milhões, motivo pelo qual não pode ter seu valor diluído em decorrência da inflação. Vimos ainda que, por ser um bem presente, não corre risco de sofrer contrapartida; do mesmo modo, a limitação de sua oferta impede o risco de redenominação. Por outro lado, implica um forte componente de responsabilidade individual, pois nos torna guardiões de nossos próprios fundos, o que implica certa diligência; mas inclui também algumas inovações, pois nos abre um novo leque de possibilidades de gestão e responsabilização pelo nosso próprio patrimônio, inclusive mediante funcionalidades em contínuo desenvolvimento, como o *TimeLock* ou as carteiras multiformes.

Honestamente, não creio que o Bitcoin concorra, a curto e médio prazos, para ser um meio de pagamento cotidiano, ainda que a *Lightning Network* apresente muitos avanços. Na maioria dos países, isso não é um problema; logo, não terá muita demanda como solução. De fato, o *PayPal* já existia quando o Bitcoin surgiu, e as moedas fiduciárias convencionais já são suficientes, pelo menos por enquanto. Sem dúvida alguma, ele só é um grande concorrente de moedas que sofrem forte desvalorização, de depósitos a longo prazo, de ações utilizadas como reserva de valor (as de empresas mais consolidadas com vantagens defensivas), e, indiscutivelmente, do ouro, da dívida pública, dos imóveis e da arte. Se concorrerá com o dólar ou o euro a longo prazo, isso é algo que ainda veremos.

Em todo o mundo, as políticas monetárias expansionistas nada mais fizeram senão desvalorizar as moedas e inundar o mercado de dinheiro artificial, fazendo com que a maioria dos cidadãos se tornassem investidores em tempo parcial, investindo suas economias em ativos desse tipo que estamos discutindo, visto que deixar seus ganhos de trabalho no banco significaria perder valor constantemente. Isso resultou em um superdimensionamento dos mercados de renda fixa e variável, bem como do mercado imobiliário, uma vez que a compra de imóveis se consolidou como uma aplicação segura; daí os preços exorbitantes que vemos nas principais cidades do mundo.

Além disso, a decadência dos estados de bem-estar social, junto com a crise demográfica, não sinaliza nada de bom acerca da capacidade deles de cumprir promessas políticas de pagamento de pensões, aposentadorias e outros benefícios sociais. E isso causa um outro problema: será necessário arrecadar mais impostos, o que encarecerá ainda mais esses ativos, especialmente os com menor liquidez, como as propriedades imobiliárias e os fundos de pensão. E quanto ao risco de bolhas na dívida pública ou na arte, é melhor nem comentar.

Esse crescente nervosismo lançou no mercado uma quantidade cada vez maior e mais complexa de produtos e serviços financeiros, o que implica um alto risco de assimetria de informações entre as partes, e sempre com o risco regulatório presente. Vejamos por que o Bitcoin é melhor em muitos casos do que esses ativos.

As principais vantagens do Bitcoin frente a todos os seus concorrentes são sua natureza, seus custos de armazenamento e conservação, seus custos de envio e liquidez, e seus riscos com relação às alternativas. Suas principais desvantagens são os riscos de custódia, que implicam certa responsabilidade, e sua volatilidade, embora desta última já tenhamos falado antes, assim como de sua natureza.

Sobre os custos de custódia e conservação: o Bitcoin é muito barato de ser guardado, visto que necessita apenas de uma *wallet* (uma carteira digital) — há várias delas — e, caso não queira fazê-lo por conta própria, pode sempre ceder a custódia a terceiros, ainda que isso reduza uma de suas virtudes, a independência de terceiros. Os custos de conservação não existem, visto que, no ciberespaço, o dinheiro não envelhece. Além disso, é um campo em constante avanço em termos de medidas de segurança, como a multi-assinaturas, o *TimeLock*, as frases de acesso, só para mencionar algumas. Qual o custo da custódia do ouro? Que custo de conservação e vigilância tem um edifício ou uma obra de arte?

Seus custos de envio e liquidez: no Bitcoin, os custos de envio são variáveis em função da saturação da rede, não costumam representar uma quantidade significativa e permitem o envio de qualquer valor, seja um dólar ou milhões deles, de forma relativamente rápida e barata; ao passo que sua liquidez é muito alta, sendo um mercado global que funciona 24 horas por dia, 7 dias por semana, sem que ninguém possa pará-lo nem impedi-lo. Quanto custa enviar centenas de milhões em ouro? E em obras de arte? Como liquidar bilhões em ativos imobiliários?

Quanto aos riscos, eles se dividem em quatro categorias: regulatórios, de contrapartida, de oferta e de conflitos.

Riscos regulatórios: a moeda em circulação, as regulações e os impostos experimentaram um notável crescimento nas últimas décadas, e nada parece indicar que essa tendência irá mudar. Diante disso, o Bitcoin oferece um espaço de liberdade e segurança, e, portanto, de tranquilidade, em que tais inconvenientes não nos afetam. Quais são as chances de os Estados pararem de desvalorizar suas moedas? Quais são as perspectivas de que as regulações não aumentem? O que se pode esperar dos impostos sobre todos os ativos, especialmente os mais líquidos, após uma crise como a do coronavírus? Deixarão os políticos os fundos de previdência privada intactos sabendo que ali existe dinheiro acumulado?

Riscos de contrapartida: não são poucas as vezes em que um terceiro descumpre sua obrigação; na verdade, todo o desenvolvimento do Direito ao longo da história deve-se, precisamente, ao fato de que há pessoas que não cumprem suas obrigações e contratos. O Bitcoin é um ativo real, um bem presente — por isso não precisa estar lastreado em nada — de que dispomos. Não há riscos de que alguém não nos entregue os bitcoins que nos são devidos, a menos que o mantenhamos em um *Exchange* (corretora de valores) ou sob a custódia de um terceiro — *"not your keys, not your coins"*. Já aconteceu de algum banco quebrar e não devolver o dinheiro a seus clientes? Já aconteceu de algum Estado não cumprir suas obrigações? Já aconteceu de uma empresa quebrar alguma vez e não conseguir cumprir suas obrigações? Muitas vezes.

Riscos de oferta: a oferta de Bitcoin é fixa, são 21 milhões de unidades, e conhecemos seu cronograma de emissão antecipadamente. Quantos dólares podem ser emitidos? Nem vamos falar de outras moedas. Quem garante que não aparecerá um concorrente da empresa em que temos ações e não vá nos expulsar do mercado? A dívida pública poderá continuar sendo emitida a esses níveis indefinidamente?

Por fim, os riscos de conflito: o Bitcoin é inconfiscável e não depende de terceiros, sua portabilidade é total, e sua invulnerabilidade, muito alta. É possível cruzar uma fronteira com milhões de dólares na própria cabeça. A maior parte do mundo vive em lugares seguros, mas que garantia há de que será sempre assim? A história não é mais do que a sucessão de conflitos entre diferentes potências — *war never changes**. Em caso de algum conflito, que parte de nosso patrimônio estaria a salvo ou poderia ser levado conosco para liquidá-lo em qualquer parte do mundo?

Ainda estamos no princípio do Bitcoin, em um processo de descoberta de suas qualidades por parte do mercado; parece-me que são muitas as vantagens em relação a seus concorrentes.

---

* Citação famosa pronunciada na saga Fallout.

PARTE III

OS ESTADOS E OS BANCOS CENTRAIS CONTRA O BITCOIN

CAPÍTULO 11

Sobre o Estado

> O Estado não é um conceito geral aplicável a todos os povos e tempos. Pelo contrário, trata-se de um conceito histórico específico vinculado a uma época determinada; a segunda metade do século XVI, quando seus primeiros começos, certamente decisivos, são situados, e só se consumam um ou dois séculos mais tarde [...]. Das guerras civis de religião, surge na França a ideia de decisão política soberana que neutraliza todos os antagonismos teológico-eclesiais [...]. Nessa situação, os conceitos de Estado e soberania encontraram na França sua primeira e decisiva materialização jurídica. Com isso, a forma organizativa do Estado Soberano passa a fazer parte da consciência dos povos da Europa, transformando o Estado, segundo a visão que os séculos seguintes têm dele, na única forma normal pela qual a unidade política se manifesta por antonomásia.
>
> Carl Schmitt

Como mencionado no prólogo, o propósito deste livro é provocar uma crise em relação a duas crenças. Com relação à primeira, de que uma moeda que seja dinheiro deva ter necessariamente o respaldo de uma autoridade política, creio ter conseguido expor de forma razoável os motivos pelos quais essa afirmação não somente não é verdadeira, mas também por que o Bitcoin é aquela "astuta introdução" de que falava Hayek, e as razões pelas quais ele é o melhor candidato para isso.

Provocar um terremoto na segunda crença, segundo a qual "Estado" é um conceito que pode ser aplicado a qualquer sociedade política, sem haver espaço para se pensar em formas políticas pós-estatais, será o objeto destes capítulos. Carl Schmitt, provavelmente o maior pensador político do século XX, trata especificamente dessa questão em sua *Teoria da Constituição*, junto com um artigo em que a desenvolve: "O Estado como conceito concreto vinculado a uma época histórica".

O equívoco — denominar "Estado" toda e qualquer forma de organização política da sociedade — tem sua origem no desenvolvimento da Ciência Política, no século XIX, na Alemanha, que, começando com o estudo das pólis gregas como paradigma do político, traduziram-na por "cidade-estado" — *Stadt-Staat*, em alemão —, que são vocábulos quase homófonos, e assim aplicaram as categorias do chamado Estado moderno — pois não há outro Estado senão o moderno — às pólis gregas, o que acabou por estendê-lo a todas as realidades políticas. A difusão do pensamento de Hegel e de Marx terminou por expandir esse erro a outros grandes pensadores que vieram depois; e não apenas isso, mas firmou-se também nas traduções de pensadores anteriores, chegando a pôr o termo "Estado" na boca de Spinoza, que empregava o termo *"Imperium"*, e inclusive na de Aristóteles, que utilizava *"Koinonia"* — comunidade política. Dessa forma, devido à ausência de uma palavra que designasse o político — a unidade de cada realidade política —, o termo "Estado" passou a preencher essa lacuna. Daí em diante, toda forma política possível tornou-se estatal, e o debate gira em torno, principalmente, de saber se é preciso aumentar ou diminuir o tamanho do Estado, em vez de se considerarem novas formas políticas que possam substituí-lo ou servir-lhe de alternativa.

Isso levou a considerar que o Estado é eterno, seja por equipará-lo à coação institucionalizada, seja por considerar que antes dele havia tribos, mas não política, e que, portanto, não há nada que possa sucedê-lo. No entanto, o Estado não passa de uma forma de organização política da sociedade específica de uma certa época, como bem recorda a citação de Schmitt, e por isso é transitório, um mero ideal histórico. O que sempre permanece é o governo — algum tipo de governança —, não o Estado, já que é sempre uma minoria que governa, como assinalou Robert Michels*. Por esse motivo, a história da filosofia política versa sobre o bom governo, não sobre a boa forma de organização histórico-política da sociedade, que tem variado ao longo do tempo, como as *polis* gregas, a *urbs* romana, a *civitas* ou *res publica Christiana*, a *basileia* bizantina, ou mesmo o Estado moderno.

Essa realidade pode ser contemplada através da distinção entre autoridade e potestade — *Auctoritas* e *Potestas*. A autoridade é o saber socialmente reconhecido, aquilo pelo que nos são atribuídas determinadas funções em decorrência de nosso conhecimento do assunto. A potestade é o poder encarregado de manter a ordem concreta em uma comunidade política. Por exemplo, o Direito Romano Clássico era coisa da autoridade, nesse caso dos jurisconsultos, que se especializavam em determinar o que era justo no caso concreto, e não havia nenhuma norma jurídica emanada do poder político que pudesse determinar o que eles deveriam julgar como justo. Por esse motivo, havia uma separação nítida entre ambas as instâncias de poder. Bodin, por meio da ideia de soberania, funde ambos os conceitos em um, de tal forma que o soberano passaria a ser, ao mesmo tempo, a autoridade e a potestade. Pensemos na imagem do Leviatã de Thomas Hobbes, segurando a espada e o báculo, símbolos da potestade e da autoridade tradicionais.

O Estado, como realidade histórica, tem sua origem no processo de ruptura da Igreja Católica logo no início do protestantismo, junto com as consequências territoriais do descobrimento da América por parte do Império Espanhol. Ao completar a exploração global, as fronteiras indefinidas, que antes eram zonas cinzentas, deram lugar às fronteiras fechadas, e o universalismo do projeto do Império Espanhol entra em decadência, cedendo lugar aos particularismos, tanto religiosos quanto políticos, que se concretizaram na Paz de Vestfália, em 1648. Foi no tratado dessa paz que se estabeleceu o princípio da integridade territorial,

---

* Quanto ao número dos que governam, não importa se se trata de uma ditadura ou de uma democracia, nem todos podem governar nem apenas um só, mas é sempre uma oligarquia que dirige o curso das coisas.

sobre o qual seria construído um poder caracterizado pela soberania. Essas monarquias, que se tornaram absolutas, deram origem a uma estrutura de poder que se tornou independente delas, o Estado, que se apropriou da soberania — atributo pertencente somente a Deus —, permitindo que aquele que exerce o governo seja seu usufrutuário. Não é coincidência que ele tenha surgido das guerras religiosas:

> *O Estado se desenvolve quando o príncipe se torna absoluto [...]. As formações políticas assim surgidas eram Monarquias absolutas. O príncipe é considerado absoluto na medida em que está legibus solutus, ou seja, autorizado e em condições de desconsiderar, por razões políticas, sobre as quais ele decide, as legítimas pretensões dos estamentos, bem como os privilégios e acordos existentes [...]. Ele é soberano; seu poder, indivisível* [9]. *(Carl Schmitt, Teoria da Constituição)*

Bodin definiu a soberania da seguinte maneira, em seus *Seis livros sobre a República*:

> *Assim como o sumo pontífice — o papa — jamais amarra as próprias mãos, como dizem os canonistas, assim também o soberano não pode amarrar as suas, mesmo que o queira. E, por isso, ao fim dos éditos e ordenanças — da legislação —, vemos estas palavras: "porque tal é nossa vontade". Para dar a entender que as leis dos soberanos, ainda que sejam fundadas em boas e virtuosas razões, dependem [única e exclusivamente] de sua pura e livre vontade* [10]. *(Bodin, Seis livros sobre a República)*

O poder político sempre teve conotações religiosas, mas Bodin atribui diretamente ao monarca uma qualidade divina e sagrada. Esse conceito produz uma cisão radical entre monarquia, que agora detém a soberania, e sua comunidade política, visto que antes o poder não determinava o direito, mas de alguma forma se submetia a ele e ficava à sua margem. Havia uma clara distinção entre autoridade e potestade, dado que a autoridade — o saber socialmente reconhecido — era representada pela Igreja Católica e seus juristas, e a Potestade, pelos monarcas*. Ao abandonar a Igreja universal para formar seus projetos particulares, seus Estados, a potestade absorveu também a autoridade, colocando-se acima da Igreja e do Direto e tornando-se a própria Lei. Assim, o monarca absoluto desempenhava um papel análogo ao de um demiurgo em relação à sociedade, encarregado de organizar e criar a ordem em seu seio à sua imagem e semelhança, segundo sua própria vontade livre e absoluta.

Por outro lado, Hobbes foi o grande teórico do Estado, pois essa soberania que Bodin atribui ao monarca, tornando-o absoluto, Hobbes a aplicava à estrutura de poder do governo — o Estado —, assim criando o Leviatã, o *Deus mortalis*. Se há algo inerente ao Estado, é, portanto, a soberania, cujo principal valor, enquanto autoridade, é a segurança: "Sem Estado, não há liberdade; a liberdade é fruto da segurança que eu proporciono" poderia ser seu *leitmotiv*. Ele caracteriza o estado de natureza como um estado de guerra constante, onde cada um poderia ser atacado por qualquer outro, e todo homem pareceria ter que viver com medo para sobreviver, ainda que essas ideias, provavelmente, tenham mais a ver com a própria personalidade de Hobbes do que com a natureza humana, tal como ele próprio reconhece em sua autobiografia: "Minha mãe deu à luz gêmeos: eu e o medo**".

Quando Bodin desenvolveu o conceito de soberania, incluiu o direito de cunhar moeda como um de seus componentes fundamentais. Os governos perceberam que esse direito monopolizado era muito lucrativo e outorgava um grande poder. Um ataque a essa função seria um ataque direto à soberania, e, portanto, ao Estado. Tenhamos em mente de novo aquilo que comentamos ao falar da *Filosofia do dinheiro*, que este tinha um caráter descentralizador:

---

* Dalmacio Negro explica assim: "O príncipe, enquanto soberano usufrutuário do direito à soberania própria do Estado, é a fonte do direito. Bodin uniu a supremacia natural do político à supremacia sobre o jurídico e ao direito de fazer as leis, para criar novas situações. Até então, era necessário descobrir em cada caso o sentido do direito, missão confiada aos juízes [11]".

** Sua mãe deu à luz precocemente, diante do medo que sofria com a Chegada da Armada Invencível.

> *Com isso, o caráter original ou absoluto do poder estatal deixa de ser um juízo de quem estuda a essência do Estado para converter-se no dogma de um crente. Na vivência que ele tem do mundo, a existência humana perde realidade e é o Estado quem dela se apropria, tornando-se o verdadeiramente real, para então transferir uma parte dessa realidade ao indivíduo e, recriando-o, dar-lhe nova vida, agora como parte de uma realidade suprapessoal. Com isso, desembocamos no mesmo centro de uma vivência religiosa [uma crença muito arraigada], e nossas palavras constituem a descrição de um processo místico [12]. (Eric Voegelin, As religiões políticas)*

Se o dinheiro tinha um caráter secularizador, e se um caráter destrutivo é inerente a toda nova tecnologia — sendo sua destruição proporcional à inovação que representa —, creio que com estas considerações já podemos vislumbrar parte da origem da crise que os Estados enfrentam atualmente: se sua essência, a soberania, perde um de seus pontos de apoio — o direito exclusivo de cunhar moedas — para uma inovação tecnológica e conceitual que, sendo monetária, tem o condão de dessacralizar, não tardará muito para que percam sua aura religiosa e, caso se revelem como ideia histórica incapaz de cumprir sua função, desmoronem. Mas não sem antes travar uma batalha, e não apenas contra o Bitcoin, mas também entre diferentes Estados.

CAPÍTULO 12
A crise do Estado

> Acima deles [dos indivíduos], ergue-se um poder imenso e tutelar que se encarrega por si só de assegurar suas alegrias e vigiar sua sorte. É absoluto, minucioso, regular, previsível e benevolente. Seria semelhante à autoridade paterna apenas se, como ela, tivesse por objetivo preparar os homens para a idade viril, mas, ao contrário, só busca fixá-los permanentemente na infância. Quer que os cidadãos gozem de tal maneira que só pensem em gozar. Trabalha com prazer por sua felicidade, mas quer ser seu único agente e árbitro exclusivo; ocupa-se de sua segurança, prevê e atende às suas necessidades, facilita seus prazeres, dirige seus principais assuntos, governa sua indústria, regula suas sucessões, divide suas heranças, não pode eliminar por completo sua dificuldade de pensar e o sofrimento de viver?
>
> *A democracia na América,* Tocqueville

Há um clima global de incerteza, em que a ansiedade vai se generalizando. Inconscientemente, assimilamos que as coisas jamais voltarão a ser como eram antes. Há alguns anos, quando alguém não se sentia bem em seu país, poderia ir para outro, mas agora a questão é: "Para onde, se todos estão iguais?". Instalou-se no imaginário coletivo que os jovens viverão pior que seus pais, e não é de se estranhar, pois a geração anterior cresceu e mal conseguiu formar um projeto de vida.

Existem duas gerações que não conhecem outra coisa senão a crise: primeiro a de 2008, e depois a da covid-19.

Quando consideram a simples ideia de um projeto de vida, não podem deixar de pensar que será bastante difícil realizá-lo, já que não é algo que dependa de se esforçarem mais ou menos; é uma circunstância histórica generalizada. O desânimo é seguido pela renúncia às aspirações, pela conformidade com uma vida padrão; com a sorte.

Uma das grandes mudanças que não assimilamos e em que não prestamos a devida atenção é o aumento da expectativa de vida. Evidentemente, é um dos maiores avanços que alcançamos, e não há dúvidas de que continuará aumentando neste século XXI, ao menos para uma parte significativa da população. Porém, nossas sociedades não estavam preparadas para viver essa grande mudança em tão pouco tempo, e a lentidão para implementar mudanças por parte dos Estados, além dos poucos incentivos para fazê-lo, agravaram ainda mais a situação. Não me refiro apenas aos sistemas de bem-estar social, que não previam o pagamento de aposentadorias por períodos tão longos; refiro-me concretamente à crise que isso representa para a instituição da herança. Pois a herança costumava permitir aos filhos o início de seus projetos de vida em sua juventude. O aumento tão significativo da expectativa de vida significa que esse capital, que possibilitava o início desses projetos, não é transferido àqueles que estão no início de sua vida adulta. Agora, na maioria dos casos, a herança é recebida no crepúsculo da vida, quando a terceira idade começa. Isso concentra a maior parte do poder aquisitivo da sociedade naqueles com mais de 65 anos, que não contam apenas com suas aposentadorias, mas também recebem heranças e são proprietários de imóveis que alugam a preços astronômicos para os jovens. Daí que a precariedade entre os jovens, que não conseguem dar início a seus projetos de vida e continuam, durante longo tempo, dependentes dos pais, tenha se tornado a regra e não a exceção; e isso sem contar que essas gerações já se endividaram em nome deles para as próximas décadas.

Que os jovens não tenham perspectiva de futuro é um perigo para nossas sociedades, e não é a primeira vez que isso acontece:

> *Então ocorre a estatização da vida, o intervencionismo do Estado, a absorção de toda espontaneidade social pelo Estado; ou seja, a anulação da espontaneidade histórica que, em última análise, sustenta, nutre e impulsiona os destinos humanos. Quando a massa sente alguma desventura, ou simplesmente algum forte desejo, é uma grande tentação para ela essa constante e segura possibilidade de conseguir tudo — sem esforço, luta, dúvida ou risco —, apenas apertando o gatilho e fazendo funcionar a máquina maravilhosa. A massa diz a si mesma: "Eu sou o Estado", o que é um perfeito equívoco. O resultado dessa tendência será fatal. A espontaneidade social será paulatinamente violentada pela intervenção estatal; nenhuma nova semente poderá florescer [nenhuma?]. A sociedade terá de viver para o Estado; o homem, para a máquina do governo. E como, em última análise, o Estado é apenas uma máquina cuja existência e manutenção dependem da vitalidade circundante que o sustenta, após sugar todo o tutano e medula da sociedade, ficará emaciado, esquelético, morto com aquela típica morte enferrujada da máquina, muito mais cadavérica que a do organismo vivo. A sociedade começa a ser escravizada, a não poder viver senão a serviço do Estado. Toda a vida se burocratiza. Então o que acontece? A burocratização da vida causa sua míngua absoluta, em todas as ordens e aspectos. A riqueza diminui, e as mulheres têm poucos filhos [13].*
> (Ortega y Gasset, *A rebelião das massas*)

Agora temos um espaço onde podemos escapar do Estado, proteger nossos rendimentos para fazer planos para o futuro, e evitar que ele nos sugue até a alma. E não é pouco, em nossa sociedade extremamente polarizada, ter um refúgio com essas características.

Além disso, nos defrontamos com uma clara divergência entre os interesses de muita gente endinheirada e os Estados. Historicamente, as grandes fortunas foram construídas pelas mãos da política, e em nosso tempo não é diferente. No entanto, fenômenos como a globalização e a descentralização das novas tecnologias fizeram surgir muitos milionários que construíram sua fortuna à margem da política. Se uma crise econômica e política ocorrer, que fortuna estará a salvo da voracidade arrecadatória do Estado? O fato que enfrentamos é, em alguma medida, novo, pois agora eles de fato poderão evitá-lo, o que seguramente levará à chamada "secessão dos ricos", que buscarão tanto se estabelecer em regiões seguras quanto maneiras de preservar seu patrimônio, sem dúvida, em oposição a um Estado ferido — veremos se de morte.

Se isso acontecer, e nada me faz pensar o contrário, será necessário buscar novas formas políticas, visto que isso representa o fim da possibilidade de redistribuição por parte do Estado — característica esta que ele assumiu como justificativa para sua existência, o de ser o provedor da realidade social. E é especialmente importante abrir o campo da imaginação política, visto que o fim do Estado não é o fim da política. A ganância e a ampliação das competências dos Estados podem romper o equilíbrio, e se não conseguirem atender às expectativas geradas, isso pode levar uma parte significativa da população — especialmente os jovens — a desacreditar do poder político e a cair na anarquia. Esse pensamento é alimentado pela percepção negativa que o liberalismo tem do poder, o qual leva ao individualismo, que me parece ser um erro, já que o homem é um *animal político*, como ensinava Aristóteles, e não convém ir contra a natureza das coisas. Se o Estado cair, será necessário construir novas formas políticas, não se abandonar à anarquia, pois a governança, esta sim, é eterna, e os homens precisam ser guiados em direção à virtude.

Voltando nosso olhar para o Bitcoin e suas possíveis consequências, podemos entender que sua utilidade inicial é apenas individual: sermos capazes de permanecer à margem do Estado e ter um espaço de liberdade — e essa é de fato sua primeira utilidade. Mas essa utilidade logo se torna coletiva quando o poder político se extrapola em suas funções e precisa corrigir sua direção, recuperando seus princípios. Daí que algo novo que limite suas possibilidades não precise ser negativo, visto que sua tendência atual ameaça acabar com muitas sociedades históricas. Retornar ao governo dos homens e abandonar o mecanismo do Estado pode ser sua maior utilidade, pois só poderá fazer o que os cidadãos permitirem. A importância do sucesso do Bitcoin pode ter também uma função positiva com relação à política.

É que os Estados, longe de serem uma barreira ao chamado globalismo, são sua porta de entrada. Se o globalismo ameaça as nações históricas, não é devido à oposição dos Estados, mas por sua explícita colaboração. Por isso, entre o globalismo e o patriotismo, o Bitcoin abre uma terceira via para explorar outras formas políticas; apesar de aspirar a ser uma moeda global, não está alinhado com o primeiro, pois não depende de terceiros; e, ao afetar significativamente os Estados, tampouco se alinha ao segundo, porque obrigará os governos a se adaptarem.

Para concluir, a sensação de incerteza generalizada não é injustificada. É precisamente nas épocas de crise que surgem grandes líderes para tomar decisões, e está em nossas mãos trabalhar para construir e pensar em novas formas políticas.

CAPÍTULO 13

O que os Estados podem fazer contra o Bitcoin?

> "O Bitcoin muda tudo... para melhor. E sempre trabalharemos para melhorar o Bitcoin. Nenhuma pessoa (ou instituição) poderá mudá-lo ou detê-lo."
>
> Jack Dorsey

Nada.

CAPÍTULO 14

Os Estados e o Bitcoin

O QUE PODEM FAZER CONTRA SUA COMUNIDADE E ADOÇÃO?

> No início, dizem que é "teoricamente impossível".
> Em seguida, que "talvez seja possível, mas certamente não é prático".
> Depois, que "só os grupos marginais o estão utilizando".
> Mais tarde, que "o estamos estudando".
> Agora: "É o futuro. Estamos aqui para proporcionar governança e regulação".
>
> Timothy May

O capítulo anterior pode parecer pretensioso, não é mesmo? Como os Estados não podem fazer nada contra o Bitcoin se seu preço despenca, quando Elon Musk diz algo contra ele? Sem dúvida, já vimos que a volatilidade em seu preço é muito elevada pela assimetria de informação, porque a imensa maioria não compreende sua natureza, visto que ainda está em processo de descoberta, e os Estados podem fazer com que seu preço suba e baixe sem dificuldades. De tempos em tempos, difunde-se a notícia de que a China o *proibiu*, mas como proibir algo que não depende de terceiros? O que em geral é proibido é sua conversão à moeda nacional nas *exchanges*, mas nada pode ser feito contra o Bitcoin em si, e assim tem sido há mais de uma década. Podem até atacar os *bitcoiners* (os usuários do Bitcoin), os mineradores, as *exchanges*; mas o que se pode esperar que consigam contra um ativo digital global que depende do conhecimento e tem um mercado funcionando 24 horas por dia, 7 dias por semana?

Eles podem criar obstáculos à sua adoção, sem dúvida. A má publicidade, a distração com suas moedas digitais — as chamadas *CBDCs (Central Bank Digital Currency)* —, a utilização do termo "criptomoedas", o aumento de impostos, entre outras medidas, com certeza atrasarão sua adoção. Mas se o Bitcoin continua aí ao longo do tempo, enquanto tudo mais desmorona, marcá-lo como inimigo não seria um grande favor?

Outra questão a se considerar é o que acontece no caso de as empresas de um país o adotarem em massa; será que o Estado irá contra os interesses de suas próprias empresas?

O QUE PODEM FAZER A SEU FAVOR?

> "Não pense no que o Bitcoin pode fazer por você. Pense no que o seu país pode fazer pelo Bitcoin."
>
> Paráfrase de John F. Kennedy

A história não passa de uma luta implacável entre as diferentes potências políticas para se imporem umas sobre as outras. Se aparece um ativo qualitativamente superior à imensa maioria dos demais e que é muito escasso, o incentivo para adotá-lo de forma significativa antes de seus adversários deveria ser muito alto. As vantagens competitivas que ele pode oferecer tanto a nível de financiamento quanto de aumento do poder aquisitivo são consideráveis. E, mais ainda, seu sucesso pode afetar especialmente alguns países. Por que não utilizá-lo como uma arma?

A meu ver, a estratégia mais inteligente que os Estados podem seguir é adotar o Bitcoin por parte de suas entidades, empresas e cidadãos, pois isso concederá significativo poder aos primeiros em relação aos últimos que o adotarem, permitindo-lhes custear suas imensas dívidas e manter suas políticas de gasto. Sua adoção e o incentivo a sua adoção por parte de suas empresas e cidadãos, educando-os sobre em que o Bitcoin consiste e quais suas implicações, lhes dará muita vantagem sobre os demais. Ser um país *bitcoin-friendly* ("amigável ao Bitcoin") pode ser ainda mais interessante, especialmente se se deseja atrair todos os capitais que busquem um lugar seguro para se estabelecer. Isso sem mencionar todos os empregos que serão criados em torno disso e as oportunidades que se abrem e ainda estão por explorar, como, por exemplo, trabalhar remotamente e receber salários em Bitcoin de qualquer parte do mundo. Atrair capital humano e grandes patrimônios nunca pareceu tão fácil.

Os Estados enfrentam-se uns aos outros, não constituem um todo homogêneo e harmônico. Por isso, considero inevitável que ocorram cenários como esse, em que se adotem diferentes políticas a respeito do Bitcoin, ainda que, indubitavelmente, muitos venham a se apegar às suas moedas a ponto de morrer sem abrir mão delas:

> *Creio que isso é uma combinação de incompetência e apego absoluto ao poder. E creio que, em algum momento, isso acontecerá com todas as moedas fiduciárias em todo o mundo, mas acontecerá etapa por etapa. Naturalmente, as moedas do segundo e terceiro mundo serão as primeiras a colapsar, seguidas pelo euro, que é mais estabelecido, e por fim, o dólar. A fuga de capitais dessas moedas para o Bitcoin será um pouco mais gradual. Será mais como uma curva em "S", e logo chegará a um ponto em que o dinheiro fluirá rapidamente para o Bitcoin, porque, como já descrito, as pessoas perceberão que essa moeda é mais sólida do que as outras. O dinheiro fiduciário é controlado por pessoas, e elas podem fazer o que quiserem com ele. Já o Bitcoin é regido por um algoritmo extremamente robusto e imutável, e a comunidade de seus usuários o fortalece de tal maneira que acredito que a credibilidade, a fé e a confiança no Bitcoin, em relação às atuais moedas fiduciárias, continuarão a crescer. Como mencionei no início, as moedas e o valor cognitivo que atribuímos a elas são, acima de tudo, uma questão de confiança e credibilidade* [14]. (Murad Mahmudov, *O argumento definitivo a favor do Bitcoin*)

O BITCOIN E OS ESTADOS

> "Com o passado não se luta corpo a corpo. O futuro derrota-o, porque o engole."
>
> *A rebelião das massas*, Ortega e Gasset

O Bitcoin é um golpe direto à linha de frente do Estado. Os Estados possuem três formas de financiar seus gastos: mediante impostos, mediante a dívida pública e mediante a inflação (entendida como a expansão da base monetária — o aumento dos preços, a chamada *carestia*, é apenas uma consequência que pode se seguir à inflação). O Bitcoin ataca todas essas três frentes.

Primeiro, o Bitcoin impede a fiscalização do que é mantido nele, pois é inconfiscável. Isso representa uma série de desafios significativos e novas limitações para os Estados, para os quais eles não estão preparados.

Segundo, o Bitcoin é um ativo que, como vimos, competirá diretamente com a dívida pública, fato pelo qual os Estados, bastante endividados, se verão obrigados a aumentar as taxas de juros para atrair investimentos à sua dívida pública em comparação com o Bitcoin. Isso pode levar a tensões financeiras que poderiam acabar estourando a bolha da dívida pública e dificultar o custeio de seus gastos.

Terceiro, se desejarem evitar uma rápida e massiva adoção do Bitcoin, o melhor que podem fazer é oferecer uma moeda que não se deprecie de forma constante. Portanto, a melhor abordagem seria manter suas moedas estáveis. No momento em que essas se desvalorizassem, ou se fizessem expansões monetárias exorbitantes, teriam problemas mais que consideráveis com a fuga de capital para outras opções, dentre as quais o Bitcoin é a principal candidata a se tornar hegemônica. Além disso, se forem forçados a implementar políticas de contenção de gastos ou até mesmo cortes, isso pode ter um alto custo político. Se também tiverem limitações em sua política monetária, enfrentarão sérias dificuldades para manter seus déficits e seus gastos elevados.

Como se não bastasse, se o Bitcoin, como reserva de valor qualitativamente superior, deslocasse uma parte significativa do valor depositado em imóveis, ouro, e dívida pública, isso afetaria diretamente a solvência dos Estados e do sistema bancário. Não se pode esquecer que a moeda que eles emitem atualmente é um passivo do Banco Central, que, para manter seu valor, se respalda em ativos como a dívida pública, os empréstimos bancários para hipotecas, os empréstimos para empresas, bem como o ouro. Se esses ativos se depreciarem rápido devido à emergência de um concorrente superior em muitos aspectos, sua solvência será afetada, depreciando as moedas que emitem e gerando uma inflação considerável — um efeito similar ao que ocorreria com um perdão da dívida pública mantida pelos Estados. E, sim, o dinheiro fiduciário é um passivo do Banco Central, o que fica mais claro se lembrarmos que até pouco tempo ele era convertido em ouro, ou seja, que podíamos trocar notas desse dinheiro pelo seu equivalente em ouro, de tal modo que o banco precisava ter tanto ouro, em seu ativo, quanto notas conversíveis em ouro, em seu passivo, ao menos na proporção estabelecida legalmente. Após o fim do padrão ouro com Nixon, o dinheiro continuou sendo um passivo, mas, como não era mais conversível em ouro, que obrigação eles têm? Ora, eles têm a obrigação de manter o poder aquisitivo da moeda, de controlar seu preço, o qual, como qualquer outro preço, é regulado pela lei de oferta e demanda. Portanto, em seu ativo, eles têm principalmente dívida pública para poder ofertá-la no mercado, caso precisem influenciar seu valor, retirando dinheiro fiduciário do mercado. No entanto, como mencionado antes, se houver menos demanda por essa moeda devido à existência de um ativo mais atraente que concorra com ela, eles não poderão retirar de todo o mercado a moeda fiduciária que desejarem, o que pode levar a dificuldades para manter o controle sobre suas políticas monetárias. E se seu dinheiro perder credibilidade por não poder ser controlado, também perderá demanda, produzindo uma fuga para outros ativos. Talvez seja recomendável que eles também comecem a acumular Bitcoin como reserva de valor.

Tudo isso implica em limitar drasticamente sua capacidade de distribuição de riqueza e gastos públicos, de modo que as massas, que depositaram a vida e confiança no Estado, podem temer uma *grande diminuição* em suas expectativas de vida. Se isso acontecer, a crise do Estado será total, pois sua essência é a soberania, ou seja, o poder que garante a segurança e o conhecimento — a autoridade —, que lhe confere a aura para utilizar o primeiro, seu descrédito provocaria seu fim. Daí que, como mencionei no início, o Bitcoin é a maior arma contra o Estado.

> *As nações afundam cada vez mais em um mar de dívidas ilimitadas. As dívidas públicas, que inicialmente eram uma garantia para os governos, pois faziam com que muitos estivessem interessados em manter a paz pública, podem, se excessivas, se tornar um meio de subversão. Se os governos decidem pagar essas dívidas impondo grandes impostos, acabarão se tornando odiosos ao povo. Mas se não as pagam, serão destruídos pela oposição da facção mais perigosa: o interesse monetário daqueles que foram prejudicados sem serem destruídos.* [15] (Edmund Burke, *Reflexões sobre a Revolução Francesa*)

CAPÍTULO 15

Os Bancos Centrais e as crises econômicas: um beco sem saída

OS BANCOS CENTRAIS E AS CRISES

> "O principal defeito da ordem de mercado e a causa das críticas justificadas que se lhe dirigem (suas crises de depressão e desempenho) são a consequência de um antiquíssimo monopólio do governo: o da emissão de moeda."
>
> *A desestatização do dinheiro* — sim, mais uma vez, Hayek

Um elemento essencial do atual sistema financeiro e estatal são os Bancos Centrais, cuja principal missão é realizar a política monetária. Se eles se tornarem incapazes de controlar sua política monetária ou entrarem em crise, podem arrastar diretamente os Estados, pois são seus principais financiadores indiretos.

Uma parte muito significativa das recorrentes crises do capitalismo tem sua origem em causas monetárias, nas políticas conduzidas precisamente pelos Bancos Centrais. A mais comum entre elas é a implementação de uma política monetária expansionista, isto é, o aumento de forma significativa da oferta monetária, que chega à sociedade por meio de empréstimos a empresas e financiamento dos Estados e seus gastos públicos. É uma forma de estimular a economia, semelhante a tomar uma xícara de café para acordar de manhã. No entanto, quando alguém não consegue mais viver sem café e precisa consumir cada vez mais para obter o mesmo efeito estimulante, surge um problema, e essa situação é muito similar àquela em que se encontram nossas economias *estimuladas* artificialmente pelas políticas de *quantitative easing* (QE)*.

O crédito artificialmente barato que se concede por meio dessas injeções de liquidez leva os empresários a iniciar projetos empresariais que não realizariam sob outras condições de financiamento, e leva os Estados a aumentar seus gastos públicos. No entanto, isso tem efeitos sobre toda a estrutura produtiva, causando distorções nos preços que impedem os empresários de concluir de forma adequada os projetos que iniciaram com esse dinheiro fácil oferecido por esse tipo de políticas. Quando isso é descoberto pelo mercado, ocorrem as chamadas crises, que geram desemprego, desperdício de recursos e de esforços da sociedade, além de frustração naqueles empresários que não conseguiram concluir seus projetos e um doloroso reajuste na sociedade.

Isso se deve a essa expansão artificial do crédito sem um correlativo aumento da poupança anterior, razão pela qual se produzem uma série de efeitos — que explicarei em seguida — denominados ciclos econômicos [16]. A explicação desses ciclos talvez seja a maior contribuição da Escola Austríaca de economia**.

O primeiro efeito que se produz é um aumento significativo no preço dos fatores de produção demandados pelos empresários devido às novas unidades monetárias recebidas dos bancos no processo de expansão creditícia. Como não houve um aumento na poupança, os recursos não foram liberados — não deixaram de ser consumidos — nas etapas mais próximas ao consumo, e a única maneira de atraí-los para projetos de investimento é pagar uma taxa adicional por eles. O mesmo acontece com os outros fatores de produção. "Liberar recursos" é

---

* "Flexibilização quantitativa", em português [N. do T.].
** A melhor explicação que encontrei sobre isso está em *Dinheiro, crédito bancário e ciclos econômicos*, capítulos V e VI, de Huerta de Soto. Tentarei segui-lo e, se necessário, parafraseá-lo explicitamente, embora sem responsabilizá-lo pelo viés interpretativo, cujos possíveis erros se atribuem exclusivamente a mim.

uma forma eufemística de dizer isso, mas vejamos um exemplo para entender melhor. Se um grupo de cidadãos economiza, deixando de jantar em restaurantes, os funcionários dos restaurantes ficam desempregados, mas podem ser contratados pelos empresários para projetos de longo prazo, que são precisamente aqueles que os cidadãos comprarão com aquele dinheiro que estão poupando. Se esses cidadãos não economizarem de modo a liberar recursos no presente para financiar esses projetos, e, em vez disso, dinheiro é criado do nada para financiá-los, os empresários terão que pagar uma taxa adicional, ou seja, oferecer a esses trabalhadores um salário mais alto do que o que estão recebendo atualmente para incorporá-los ao seu projeto. E como os agentes econômicos não economizaram, também não terão dinheiro no futuro para comprar os bens que estão sendo produzidos. Cria-se assim um desequilíbrio entre o que os empresários produzem e o que os cidadãos demandarão no futuro. A descoberta desse desequilíbrio é o que desencadeia as crises.

Então, o primeiro efeito que se observa é um aumento no preço da mão de obra, dos salários, das matérias-primas, dos bens de capital e dos recursos naturais que demandam para si os empresários. Esse aumento é um primeiro sinal de alerta, pois, quando planejaram seus projetos e orçamentos, consideraram preços específicos para os fatores de produção que agora estão mais altos. Assim, já começam a perceber que não conseguirão obter os lucros esperados.

O segundo efeito que se pode observar é o aumento no preço dos bens e serviços de consumo, porque o dinheiro se difunde gradualmente e em etapas por toda a sociedade. O dinheiro da expansão monetária que se entrega primeiro aos Estados e às empresas começa aos poucos a circular por toda a sociedade. Como agora os consumidores têm mais unidades monetárias, dedicam-se a consumir bens e serviços de consumo, porque ainda não amadureceram os projetos empresariais que iniciaram.

O terceiro efeito é a disparidade nos lucros das empresas que operam ao longo da estrutura produtiva da sociedade, pois à medida que os preços dos bens de consumo aumentam mais depressa, os lucros das empresas que operam nos setores mais próximos ao consumo revelam-se melhores, em termos contábeis e relativos, do que os das empresas de bens de capital que ainda não conseguiram concluir seus projetos de investimento e também veem seus fatores de produção cada vez mais caros.

O quarto é o efeito sobre as taxas de juros. Quando unidades monetárias são criadas do nada e injetadas no sistema, emprestando-as aos empresários, as condições exigidas em troca dos empréstimos e as taxas de juros são reduzidas para incentivar mais empréstimos. Mas quando essas unidades monetárias adicionais já foram emprestadas e os preços dos bens de consumo começam a subir, ocorrendo o que popularmente se conhece como *inflação*, mas que, na verdade, se chama *carestia*, as taxas de juros voltam a seu nível anterior e, em termos nominais, podem até ficar mais altas, devido à previsão da perda de poder aquisitivo da unidade monetária. E isso faz com que o valor presente dos bens de capital diminua.

O quinto é o efeito Ricardo. Se os preços dos bens de consumo estão subindo depressa, mais até do que os salários, isso significa que os salários reais tendem a baixar. Isso sinaliza aos empresários que eles devem utilizar mais mão de obra e menos bens de capital, que eram justamente os projetos de investimento que eles haviam empreendido durante a fase da bolha. Como resultado, os bens de capital não são vendidos, e começam as falências, suspensões de pagamento, demissões e aumento da inadimplência. Os empresários, *iludidos* pelo crédito fácil que receberam do banco, embarcaram em projetos de investimento excessivamente ambiciosos que não são sustentáveis e só são rentáveis nas circunstâncias da bolha, quando as taxas de juros estavam tão baixas.

As crises econômicas revelam que esses projetos de investimentos produzem bens de capital que não têm demanda, desperdiçando assim os recursos escassos da sociedade e desviando as energias de trabalhadores e empresários para projetos condenados ao fracasso. Como consequência dessas políticas, as estruturas produtivas da sociedade por elas afetadas tendem a encurtar e a se concentrar nos setores mais próximos ao consumo, deixando de lado aqueles projetos empresariais que requerem um período mais longo de maturação.

A meu ver, acabar com esse desperdício de recursos naturais e esforços, com a geração de sofrimento e frustração decorrente dos projetos empreendidos pelos empresários, que levam a sociedade a se enganar pelas políticas dos Bancos Centrais, é uma das grandes tarefas de nosso tempo; e o Bitcoin se apresenta como uma alternativa a todo esse sistema de enganos:

> *A instabilidade pretérita da economia de mercado é consequência de não haver submetido o dinheiro ao processo de mercado, que é o mais importante regulador do mecanismo de mercado. A abolição do monopólio governamental de emissão de moeda resultaria também no desaparecimento dos Bancos Centrais* [17]. (Hayek, *A desestatização do dinheiro*)

O BECO SEM SAÍDA

> "Tudo quanto possa ser quebrado deve ser quebrado; o que resistir ao golpe será bom, e o que se pulverizar, bom para o lixo."
>
> Dimitri Ivánivich Písarev

No entanto, existem mecanismos pelos quais a chegada dessas crises pode ser adiada, à custa de tornar a bola de neve ainda maior — e a crise subsequente ainda mais grave, duradoura e profunda —, ou seja, prolongando políticas expansionistas, os chamados planos de estímulo. Esses planos devem crescer de forma progressivamente acelerada para cobrir o primeiro efeito que mencionamos antes, o aumento do preço dos fatores de produção. Assim que isso não ocorrer, os efeitos discutidos serão desencadeados, levando ao início da crise. Se os agentes econômicos descobrirem esse procedimento e se anteciparem, sem iniciar projetos com as unidades monetárias que lhes *foram concedidas*, também ocorrerá uma crise econômica. Se as expectativas de inflação forem generalizadas, haverá um aumento dos preços dos bens de consumo e um aumento significativo das taxas de juros de mercado.

Há três possíveis gatilhos para essas crises. Em primeiro lugar, pode ocorrer uma interrupção ou desaceleração no ritmo de crescimento da expansão creditícia, ou seja, "fechar a torneira". Se os bancos e as autoridades perceberem a possibilidade de uma crise e puxarem o freio de mão para evitar o seu agravamento, isso pode precipitá-la. Em segundo lugar, se a expansão de crédito for mantida, mas não no ritmo necessário para cobrir o aumento dos fatores de produção, isso deixará a situação exposta para os empresários mais perspicazes, arrastando os demais e precipitando a crise — nesse caso, com uma alta inflação e desemprego, o que se conhece como *estagflação*. Por último, se o sistema bancário mantiver o ritmo do crescimento da expansão creditícia para cobrir o aumento dos preços dos fatores de produção, haverá uma fuga generalizada para os ativos reais, um aumento de preços dos bens e serviços muito significativos, e, em última instância, a falência do sistema monetário em caso de hiperinflação, visto que os agentes econômicos buscarão usar outro dinheiro. Tudo isso sem evitar a crise econômica, é claro.

Se vocês acreditam que há sinais desses cenários, não os culpo.

Além disso, a pandemia da covid-19 trouxe dois efeitos: primeiro, acelerou a expansão creditícia, visto que a demanda por dinheiro por parte dos agentes econômicos e indivíduos para lidar com a incerteza aumentou. No entanto, como esse dinheiro é reservado para cenários possíveis e não a gasto, a inflação generalizada não é percebida, o que acelera ainda mais a expansão creditícia, já que a *inflação* não é evidente. Em segundo lugar, a pandemia causou uma contração significativa na produção como consequência dos *lockdowns* e das restrições aos direitos individuais, isto é, reduziu consideravelmente a oferta de bens e serviços. Um aumento significativo na quantidade de dinheiro em circulação, junto com uma redução na oferta de bens e serviços, leva inevitavelmente a uma alta dos preços quando a situação de incerteza se dissipa e as pessoas passam a gastar, nos bens e serviços disponíveis, o dinheiro que acumularam.

A conclusão não poderia ser mais clara. Os bancos centrais se meteram em um verdadeiro beco sem saída. Se continuarem em frente e intensificarem ainda mais sua política de expansão monetária de um déficit público que continua aumentando, correm o risco de gerar uma grave crise de dívida pública e inflação. No entanto, se, com medo de passar do cenário de "japonização" pré-pandemia para um cenário de "venezuelização" pós-pandemia, interromperem sua política monetária extremamente frouxa, então logo ficará evidente a supervalorização dos mercados de dívida pública, e isso gerará uma significativa crise financeira e uma importante recessão econômica, tão dolorosa quanto saudável no médio e longo prazo. E é nesse contexto que a única recomendação sensata que se pode dar aos investidores é para que vendam todas as suas posições em renda fixa o quanto antes, pois não se sabe por quanto tempo mais os bancos centrais manterão artificialmente um preço dela tão desproporcional como nunca antes visto na história da humanidade [18]. (Huerta de Soto, *Os efeitos econômicos da pandemia*)

Dessa vez, em caso de uma inflação significativa, haverá, sim, uma forma de se proteger dela. Recordemos que, para Hayek, uma moeda que fosse independente dos Estados precisaria apenas resolver o problema mais simples: "conter a inflação".

EPÍLOGO

O FUTURO DO BITCOIN

"Ante o perigo nasce a salvação."

Hölderlin

Creio ter cumprido o propósito que prometi no prólogo, tendo revelado que essas duas crenças devem recuperar sua natureza original de ideais históricos.

No que diz respeito ao Bitcoin, ele está passando por um processo de descoberta pelo mercado — raramente testemunhamos na história um processo de monetização —, e quando isso acontecer, será visto que resolve problemas de segurança, confiança e preservação; questões fundamentais em um bem tão essencial quanto o dinheiro. Além disso, ele cumpre de forma inigualável as três leis que, para Hume, eram fundamentais para a convivência pacífica: (1) a estabilidade na posse; (2) a transferência de propriedade mediante consentimento; e (3) o cumprimento das promessas feitas. No entanto, uma inovação com essas características sem dúvida terá um efeito destrutivo significativo, chegando mesmo até o limite do próprio Estado como forma política; mas também terá um efeito expansivo no comércio e em uma nova economia que requer uma moeda global amplamente utilizada, razão pela qual considero que muitas ideias de negócio surgirão ao seu redor, formando uma *cibereconomia* que muitos Estados aproveitarão.

Do mesmo modo, considero que o Bitcoin continuará se valorizando a médio e longo prazos, sendo adquirido por grandes instituições e por um número crescente de pessoas, que passarão a economizar nele. Nada sugere que os Estados deixarão de *zumbificar* a economia, fato pelo qual o Bitcoin continuará sendo uma alternativa nos próximos anos, sem abandonar sua volatilidade, visto que, a cada nova onda de usuários, as altas e baixas continuarão sendo causadas em decorrência do medo de ficar de fora, quando subir, e de que caia, quando diminuir.

Contudo, a longo prazo, o Bitcoin se tornará um verdadeiro buraco negro que absorverá uma enorme quantidade de valor e desencadeará uma transferência de riqueza de proporções históricas — e possivelmente também até uma transição política — em que os jovens, os especialistas em tecnologia e os curiosos serão os mais beneficiados. O Bitcoin terá triunfado quando os Estados preferirem cobrar seus impostos por meio dele do que pelas moedas fiduciárias que emitem.

Tampouco se deve esquecer que a situação dos bancos é complicada, sem rentabilidade, alta concentração e dependência dos Estados, com uma péssima imagem em todas as sociedades. O Bitcoin é uma alternativa para todos — jovens e não jovens —, uma forma de dizer não à falta de privacidade, não ao monopólio estatal da emissão de moeda, não à dependência de terceiros para acessar os próprios fundos, não à inflação, não aos impostos confiscatórios, não à dívida no próprio nome, não aos resgates bancários, não aos bloqueios de contas, não à corrupção com nosso dinheiro, não aos privilégios dos bancos, e não ao desperdício político.

O futuro não é um destino pré-determinado, mas algo a ser criado; não é um porvir, mas um por fazer. E isso é o que nos deve incentivar a tomar as rédeas e assumir o compromisso pessoal de construir um futuro melhor para todos e cada um, com as ferramentas disponíveis. As sociedades evoluem pela forte determinação de uma minoria de pessoas que são capazes de fazer a diferença. Nos próximos anos, veremos a convergência de suas expectativas no que diz respeito ao melhor sistema monetário. Pois, como dizia Ayn Rand: "Você pode evitar a realidade, mas não pode evitar as consequências de evitar a realidade".

O ESTADO NA ENCRUZILHADA

> Sócrates: — Ninguém jamais escapou ao seu destino, o que é necessário é entender de que maneira deve se comportar para passar da melhor maneira possível o tempo que lhe resta de vida.
>
> *Górgias*, Platão

Após conquistar a autoridade, o poder político atingiu níveis de poder jamais imaginados. No entanto, embriagado de tanta potência, abandonou sua função de governar as pessoas e concentrou-se na administração das coisas. Ao assumir uma tarefa que não lhe compete e desviar-se de seu papel, sua crise pode ameaçar a própria ideia de comunidade política. Por isso, considero fundamental a tarefa de pensar em novas formas políticas e não sucumbir à anarquia ou ao individualismo. A palavra "governante" vem do grego *kybernetes*, que significa "timoneiro"; não é de estranhar que o abandono de suas funções de guiar as pessoas esteja levando nossas sociedades ao naufrágio e a um "salve-se quem puder". Está em nossas mãos retomar o leme.

Um Estado enclausurado em seu próprio labirinto terá de se reformular para abrir caminho para uma fórmula histórica diferente. Ao mesmo tempo em que perde competências que considerava essenciais, enfrenta dificuldades para manter seus bancos centrais e entra em competição com outros Estados, que se encontram na mesma situação. Uma vez que o véu da crença seja retirado e se revele como um mero ideal histórico, sua autoridade estará seriamente questionada. Sem outra autoridade que lhe faça contraponto, o Estado será apenas violência.

Sem dúvidas, o Bitcoin infligiu uma ferida profunda no seio do próprio poder estatal: a perda do direito exclusivo de emitir moeda

EPÍLOGO

— algo que afeta, de uma forma ou de outra, toda a vida política. Veremos se é uma ferida fatal para aquela forma de despotismo que denunciava Tocqueville:

> *Se quero imaginar sob quais novos traços o despotismo poderia surgir no mundo, vejo uma multidão inumerável de homens semelhantes e iguais que giram incessantemente em torno de si mesmos em busca de pequenos e vulgares prazeres com que preencherem a alma. Cada um deles, isoladamente, é como que um estranho ao destino dos demais: seus filhos e amigos particulares constituem para ele toda a espécie humana; quanto ao restante de seus concidadãos, eles estão ao seu lado, mas ele não os vê; ele os toca, mas não os sente; existe apenas em si e para si, e se lhe resta ainda alguma família, pode-se ao menos dizer que já não tem pátria. Acima deles, ergue-se um poder imenso e tutelar que se encarrega por si só de assegurar suas alegrias e vigiar sua sorte. É absoluto, minucioso, regular, previsível e benevolente. Seria semelhante à autoridade paterna apenas se, como ela, tivesse por objetivo preparar os homens para a idade viril, mas, ao contrário, só busca fixá-los permanentemente na infância. Quer que os cidadãos gozem de tal maneira que só pensem em gozar. Trabalha com prazer por sua felicidade, mas quer ser seu único agente e árbitro exclusivo; ocupa-se de sua segurança, prevê e atende às suas necessidades, facilita seus prazeres, dirige seus principais assuntos, governa sua indústria, regula suas sucessões, divide suas heranças, não pode eliminar por completo sua dificuldade de pensar e o sofrimento de viver? É assim que, dia após dia, vai tornando menos útil e mais raro o emprego do livre-arbítrio; que encerra a ação da vontade num pequeno espaço, e subtrai pouco a pouco de cada cidadão o uso de si mesmo. A igualdade preparou os homens para todas essas coisas: ela os dispôs a sofrê-las e, com frequência, até mesmo considerá-las um benefício. Após ter tomado sucessivamente em suas mãos poderosas cada indivíduo, e tê-lo moldado à sua maneira, o soberano estende os braços sobre a sociedade inteira e cobre sua superfície com uma malha de pequenas regras complicadas, minuciosas e uniformes, por meio das quais os espíritos mais originais e as almas mais vigorosas não poderiam vir à luz para ultrapassar a multidão. Ele não esmaga as vontades, mas as debilita, curva e dirige. Raramente força-as a agir*

desta ou daquela maneira, mas se opõe incessantemente à sua ação natural; não tolhe a liberdade, mas impede a ação; nunca destrói ativamente, mas impede de nascer; nunca tiraniza, mas constrange, reprime, enerva, extingue e embota, e enfim reduz cada nação a não ser mais que um rebanho de animais tímidos e diligentes, dos quais o governo é o grande pastor. [19] (Alexis de Tocqueville, *A democracia na América*)

Álvaro D. María

BIBLIOGRAFIA

[1] PERRY BARLOW, J. (s.f.), Declaración de Independencia del Ciber espacio. http://es.wikisource.org/wiki/Declaraci%C3%B3n_de_independencia_del_ciberespacio. Acesso em 10-05-2021.
[2] ZWEIG, S. (2002). *El mundo de ayer. Memorias de un Europeo*, tradução de J. Fontcuberta e A. Orzeszek, Acantilado, pp. 5-7.
[3] MARTÍN JIMÉNEZ, L. C. (2017). *Filosofía de la Moneda*, El Basilisco, n.º 49, páginas 57-88, p. 59.
[4] PARISE, N. (2005). *El origen de la moneda. Signos pre-monetarios y formas arcaicas del intercambio*, Ed. Bellaterra, p. 114.
[5] HAYEK, F. A. (1983). *La desnacionalización del dinero*, Instituto de Economía de Mercado Unión Editorial. pp. 21; 27; 29; 30.
[6] POLAVIEJA, M. (s.f.) *El uso y abuso del término 'blockchain'*. https://juandemariana.org/ijm-actualidad/analisis-diario/el-uso-y-abuso-del-termino-blockchain/. Acesso em 11-05-2021.
[7] QUINTANA, E. [@fosodefensivo] (2020, noviembre 16). https://twitter.com/foso_defensivo/status/1328124004104802305. Acesso em 11-05-2021.
[8] MAHMUDOV, M. (s.f.). *El argumento definitivo de Bitcoin*, https://medium.com/@apompliano/murad-mahmudov-theultimate-bitcoinargument-b205a1987408. Acesso em 12-05-2021.
[9] SCHMITT, C. (1934). *Teoría de la Constitución*, tradução de Francisco Ayala, Editorial Revista de Derecho Privado, pp. 55-56.
[10] BODINO, J. (1992). *Los seis libros de la república*, tradução de Gaspar de Añastro Isunza, Vol. I, Centro de Estudios Constitucionales, p. 276.
[11] NEGRO, D. (2010). *Historia de las formas del Estado. Uma introducción*, El buey mudo, pp. 134-135.
[12] VOEGELIN, E. (2014). *Las religiones políticas*, Trotta, pp. 29-30.
[13] ORTEGA Y GASSET, J. (1985). *La rebelión de las masas*, Planeta-Agostini, pp. 170-171.
[14] MAHMUDOV, M. (s.f.), op. cit.

[15] BURKE, E. (2003). *Reflexiones sobre la Revolución en Francia*, Alianza, pp. 231-233.
[16] HUERTA DE SOTO, J. (2016). *Dinero, crédito bancario y ciclos económicos*, 6.ª ed., Unión Editorial, cap. V y VI.
[17] HAYEK, F. A. (1983), op. cit., p. 104.
[18] HUERTA DE SOTO, J. (2021). *Los efectos económicos de la pandemia. Un análisis austriaco*, Cuadernos Para El Avance De La Libertad. Suplemento ao número 9 da revista, Caderno n.º 2, março, p. 23.
[19] DE TOCQUEVILLE, A. (1985). *De la democracia en América*, Vol. II, 4.º parte, cap. VI, Alianza Editorial.

AGRADECIMENTOS

Ao Juan Carlos, pela obra de arte que serve de capa para o livro, e ao David, ao Manuel, ao Sergio Vicente e à Rafa, pela resenha do livro e pela amizade; bem como àqueles que, desde o princípio, confiaram em meu trabalho, especialmente ao Coni, ao Ignacio, ao José Antonio e à Julia. Também tenho que agradecer ao Manuel, ao Emérito, ao Adolfo e ao Miguel, pelo seu trabalho na difusão do conhecimento que eles têm sobre Bitcoin e sem o qual este livro não teria sido possível, assim como ao Nick Szabo, por suas contribuições.

"A Imaculada nunca falha."

ASSINE NOSSA NEWSLETTER E RECEBA
INFORMAÇÕES DE TODOS OS LANÇAMENTOS

www.faroeditorial.com.br

CAMPANHA

Há um grande número de pessoas vivendo com HIV e hepatites virais que não se trata. Gratuito e sigiloso, fazer o teste de HIV e hepatite é mais rápido do que ler um livro.

FAÇA O TESTE. NÃO FIQUE NA DÚVIDA!

ESTA OBRA FOI IMPRESSA
EM FEVEREIRO DE 2024